Henry Nouwen

Dem Leben neu begegnen

Henry Nouwen

Dem Leben neu begegnen

Wege aus der Angst

Claudius

Titel der amerikanischen Originalausgabe:
Henri J.M. Nouwen, LIFESIGNS: Intimacy, Fecundity, and Ecstasy in Christian Perspective

This translation is published by arrangement with Doubleday Religion, an imprint of the Crown Publishing Group a division of Random House, Inc.

Die deutsche Ausgabe des Buches erschien erstmals 1986 unter dem Titel „Im Haus des Lebens. Von der Angst zur Liebe" im Verlag Herder GmbH, Freiburg.

Die deutsche Übersetzung basiert auf der Übersetzung von Renate Hegemann.

Quellennachweis:
S. 100 und S. 123-126: Das denkende Herz der Baracke. Die Tagebücher der Etty Hillesum 1941–1943, herausgegeben und eingeleitet von J. G. Gaarlandt, übersetzt von M. Csollány
© Verlag Kerle in der Verlag Herder GmbH, Freiburg im Breisgau 1983

Bibliografische Informationen Der Deutschen Nationalbibliothek
Die Deutsche Nationalbibliothek verzeichnet diese Publikation in der Deutschen Nationalbibliografie; detaillierte bibliografische Daten sind im Internet über <http://dnb.d-nb.de> abrufbar.

Birkerstraße 22, 80636 München
www.claudius.de

Umschlaggestaltung: Guter Punkt, München
Umschlagfoto: © Andrea Haase / Shutterstock
Druck: Beltz Bad Langensalza GmbH, Bad Langensalza

ISBN 978-3-532-62423-4

Inhalt

Einführung

Vom Haus der Angst zum Haus der Liebe

Wir sind Menschen voller Angst. Je mehr Menschen ich kennenlerne und je mehr ich Menschen kennenlerne,
desto mehr bin ich erschüttert von der negativen Macht der Angst. Oft scheint es, als habe Angst jeden Bereich unseres Daseins in einem solchen Maß befallen, dass wir gar nicht mehr wissen, wie ein Leben ohne Angst aussieht und sich erfahren lässt. Immer scheint es etwas Angsterregendes zu geben: etwas in uns oder in unserer Umgebung, etwas, das ganz nah ist oder weit entfernt, etwas Sichtbares oder Unsichtbares, etwas in uns selbst, in anderen oder in Gott. Kein Augenblick scheint gänzlich von Angst frei zu sein. Ob wir denken, sprechen, handeln oder reagieren – wie eine allgegenwärtige Macht ist offenbar in allem Angst präsent und wir können sie nicht abschütteln. Oft ist die Angst so tief in unserem Innersten, dass sie – ob wir es merken oder nicht – unser Wählen und die meisten Entscheidungen kontrolliert.

Auf vielfältige, oft subtile Weise verfolgt und kontrolliert uns die Angst. Angst kann uns fassungslos und zornig machen. Sie kann uns in Niedergeschlagenheit oder Verzweiflung treiben, kann uns in Finsternis hüllen und das Gefühl nahender Vernichtung und der Todesnähe aufkommen lassen. Angst kann so unerträglich werden, dass

Angst ist eine der wirksamsten Waffen, um Menschen zu beherrschen.

wir bereit sind, alles zu unternehmen, um uns von ihr zu befreien – sogar uns zu töten. Nicht selten erscheint die Angst als grausame Tyrannin, die von uns Besitz ergreift und uns zwingt, in ihrem Haus zu wohnen.

Fast alle Menschen leben die meiste Zeit im Haus der Angst. Angst ist fast unsere zweite Heimat, ein Prinzip, auf dem wir unsere Entscheidungen treffen und unser Leben planen.

Warum aber sind wir so schrecklich verängstigt? Warum ist es so schwer, von Angst freie Menschen zu finden? Gibt es so viel Angst, weil sie für irgendjemanden von Nutzen ist? Diese Frage stelle ich mir, seit mir bewusst ist, wie sehr die Angst mich und andere im Griff hat. Mit der Zeit wurde mir klar, dass diejenigen, die ich fürchte, große Macht über mich besitzen. Wer die Macht hat, mich in Angst zu versetzen, kann mich auch dazu bringen zu tun, was er von mir verlangt. Menschen haben aus vielen Gründen Angst; der enge Zusammenhang zwischen Macht und Angst scheint mir jedoch besondere Aufmerksamkeit zu verdienen. Menschen Furcht einzuflößen und sie in Angst zu halten bedeutet Machtausübung. Angstvolle Kinder, ängstliche Studierende, panische Patienten, eingeschüchterte Arbeitnehmer, besorgte Eltern, furchtsame Priester und angstvolle Gläubige – fast immer steht eine drohende Gestalt hinter ihnen und hält sie unter Kontrolle: ein Vater, ein Lehrer, ein Arzt, ein Chef, ein Bischof, eine Kirche, ja, selbst Gott. Angst ist eine der wirksamsten Waffen, um Menschen zu beherrschen. Solange man Menschen in Angst hält, kann man sie dazu bringen, wie Sklaven zu handeln, zu sprechen, ja, zu denken.

Was die Welt beschäftigt und wovon die Medien voll sind, ist nichts als eine Aneinanderreihung von Angst und Macht. Es ist erstaunlich, ja, geradezu erschreckend, wie schnell wir uns diese Themen zu eigen machen. Die Welt mit ihren angstbesetzten Fragen bestimmt in erheblichem Maß, wie wir an Menschen und Dinge denken, wie wir uns um sie sorgen, uns auf sie einstellen und Zeit und Kraft aufwenden. Werfen wir nur einen Blick auf unsere vielen „Wenn"-Fragen: „Was soll ich tun, wenn ich keinen Partner, kein Haus, keinen Arbeitsplatz, keine Freunde, keine Unterstützung finde? Was soll ich tun, wenn man mich entlässt, wenn ich krank werde, wenn ein Unglück geschieht, wenn ich meine Freunde verliere, wenn meine Ehe scheitert, wenn ein Krieg ausbricht? Was, wenn morgen schlechtes Wetter ist, gestreikt wird oder sich ein Erdbeben ereignet? Was soll werden, wenn mich jemand bestiehlt, in meine Wohnung einbricht, wenn meine Tochter entführt wird oder mich jemand umbringt?"

Ebenso bedrückend sind die vielen „Wie"-Fragen: „Wie soll ich Kinder aufziehen inmitten einer von totaler Vernichtung bedrohten Welt? Wie können wir einem Konflikt, einem weiteren Krieg oder dem nuklearen Holocaust vorbeugen? Wie können wir der Bedrohung durch Terrorismus begegnen? Wie soll ich es alleine schaffen? Wie kann ich meinen guten Ruf bewahren? Wie kann ich in den Himmel kommen?"

Wir sind unter einem riesigen Netz ängstlicher Fragen gefangen, das zahlreiche, wenn nicht die meisten unserer täglichen Entscheidungen bestimmt. Wer bewusst solche angstbesetzten Fragen in den Raum stellt, hat Macht über andere, denn die Fragen implizieren die Drohung, unsere schlimmsten Befürchtungen könnten wahr werden, wenn wir uns den gesetzten Forderungen verweigern. Mit jeder Frage, die wir uns zu eigen machen und beantworten zu müssen glauben, begeben wir uns einen weiteren Schritt hinein ins Haus der Angst. Unser pädagogisches, politisches, religiöses und gesellschaftliches Leben ist wesentlich darauf abgestimmt, Antworten auf aus der Angst geborene Fragen zu finden. Angesichts dessen ist leicht zu verstehen, warum eine Botschaft der Liebe wenig Aussicht hat, gehört zu werden.

Fragen der Angst führen niemals zu liebevollen Antworten; jede ängstliche Frage zieht zahllose weitere Fragen nach sich. Sobald ich meine, ein Kind zu haben bedeute, ihm die beste Ausbildung zu ermöglichen, verstricke ich

Das Finden der richtigen Fragen ist ebenso entscheidend wie das Finden der richtigen Antworten.

mich in unzählige weitere besorgte Fragen nach meinem Beruf, meinem Wohnort, meinen Freunden usw. Wenn wir glauben, unsere nationale Sicherheit sei vor allem durch den Osten bedroht, zieht das zahlreiche neue bange Fragen über militärische, wirtschaftliche und diplomatische Angelegenheiten nach sich. Die Überzeugung, Gott gehe es um meine untadelige Lebensweise, führt zu komplizierten moralischen Konzepten, die meine Gedanken in Beschlag nehmen. Wenn ich meine, ich könnte ohne einflussreiche Freunde nicht glücklich sein, erscheint mir plötzlich das gesamte Leben von Angst bedroht. Angst erzeugt Angst. Niemals bringt Angst Liebe hervor.

Wenn dies aber so ist, dann ist die Art unserer Fragen ebenso wichtig wie die Antworten. Welche Fragen bestimmen unser Leben? Welche Fragen machen wir zu unseren eigenen? Welche Fragen verdienen unsere ungeteilte Aufmerksamkeit und unser ganzes persönliches Engagement? Das Finden der richtigen Fragen ist ebenso entscheidend wie das Finden der richtigen Antworten.

Ein aufmerksamer Blick in die Evangelien zeigt, dass Jesus selten auf die Fragen einging, die man ihm stellte. Er entlarvte sie als Fragen, die aus dem Haus der Angst stammen. „Wer ist der Größte im Himmelreich? Wie oft muss ich meinem Bruder vergeben, wenn er mir unrecht tut? Handelt ein Mann gegen das Gesetz, wenn er seine Frau

Fragen nach Prestige,
Einfluss, Macht und Herrschaft
entspringen falschen Sorgen.

unter irgendeinem Vorwand entlässt? Welche Vollmacht hast du, so zu handeln? Wessen Frau von diesen sieben Männern, die sie geheiratet hat, wird sie bei der Auferstehung sein, da sie mit ihnen allen verheiratet war? Bist du der König der Juden? Herr, wirst du das Reich Israel wieder herstellen?"

Keine dieser Fragen beantwortete Jesus direkt. Er tat sie ruhig ab als Fragen, die falschen Sorgen entspringen. Es sind Fragen nach Prestige, Einfluss, Macht und Herrschaft und sie gehören nicht wirklich zum Haus Gottes. Deshalb verwandelte Jesus die Fragen durch seine Antwort. Er stellte die Frage neu, erst dann waren sie seiner Antwort wert.

Auch wenn wir Jesus nachfolgen wollen, werden wir oft von den angstvollen Fragen verführt, die die Welt an uns richtet. Ohne es wirklich zu merken, werden wir zu ängstlichen, nervösen und sorgengeplagten Menschen, verstrickt in die Fragen um unser eigenes Überleben, das unserer Familien, Freunde und Kollegen, das Fortbestehen unserer Kirche, unseres Landes und unserer Welt. Irgendwann werden diese ängstlichen Überlebensfragen zu den bestimmenden Fragen unseres Lebens. Worte, die aus dem Haus der Liebe gesprochen werden, tun wir dagegen leicht als wirklichkeitsfremd, romantisch, sentimental, fromm oder einfach unnütz ab. Wenn jemand als Alternative zur Angst auf die Liebe setzt, sagen wir schnell: „Ja, das klingt zwar wunderschön, aber ..." Dieses „Aber" offenbart, wie sehr wir im Zugriff einer Welt leben, in der die Christen als naiv bezeichnet werden und in der es um „realistische" Fragen geht: „Ja, aber was ist, wenn du alt wirst und niemand dir hilft? Ja, aber was ist, wenn du deinen Arbeitsplatz verlierst und nicht länger für dich und deine Familie sorgen kannst? Ja, aber was ist, wenn Millionen von Flüchtlingen in unser Land kommen und sich unser bisheriges Leben völlig verändert? Ja, aber was ist, wenn fremde Mächte ihren Einfluss bei uns geltend machen und anfangen, ihre Raketen direkt vor unserer Haustür aufzustellen?"

Diese „realistischen" Fragen sind Echo einer zynischen Gesinnung: „Worte über Frieden, Vergebung, Versöhnung und neues Leben sind wunderbar, aber wir dürfen die wirklichen Herausforderungen nicht übersehen. Wir können nicht zulassen, dass jemand mit uns Spielchen treibt. Wenn wir angegriffen werden, müssen wir uns wehren. Wir müssen stets auf einen Krieg vorbereitet sein und wir werden nicht zulassen, dass jemand unseren sorgsam aufgebauten Wohlstand zerstört." Doch sobald diese sogenannten „wirklichen Herausforderungen" unser Leben beherrschen, sind wir wieder zurückgeworfen in das Haus der Angst, selbst wenn wir mit geliehenen Worten der Liebe sprechen und die unbestimmte Sehnsucht spüren, dort zu leben, von wo diese Worte stammen.

Dieses Buch gründet auf der Überzeugung, dass Liebe stärker ist als Angst, obwohl anscheinend das Gegenteil zutrifft. „Vollkommene Liebe vertreibt alle Angst“, heißt es im 1. Johannesbrief 4,18. Mit diesem Buch möchte ich nach Zeichen dieser vollkommenen Liebe und nach Möglichkeiten suchen, sich nach diesen Zeichen zu richten. Es geht mir um die Möglichkeit eines spirituellen Aufbruchs: *des Aufbruchs aus dem Haus der Angst in das Haus der Liebe.*

Doch wie können wir inmitten dieser angstbesetzten Welt im Haus der Liebe wohnen und auf die Fragen hören, die der Herr der Liebe stellt? Sind wir nicht so sehr an ein Leben in Angst gewöhnt, dass wir taub geworden sind für die beruhigende Stimme, die uns ein ums andere Mal verheißt: „Fürchtet euch nicht“? „Fürchtet euch nicht, habt keine Angst“ – diese Stimme zu hören tut am meisten not. Zacharias hat diese Stimme vernommen, als ihm Gabriel, der Engel des Herrn, im Tempel erschien und ihm prophezeite, seine Frau Elisabeth werde einen Sohn gebären. Maria hat diese Stimme vernommen, als derselbe Engel in ihr Haus in Nazaret eintrat und ihr verkündigte, sie werde empfangen, ein Kind gebären und es Jesus nennen. Auch die beiden Männer, die zum Grab kamen und sahen, dass der Stein weggewälzt war, vernahmen die Stimme: „Fürch-

Die Stimme der Liebe verkündet eine ganz neue Weise des Daseins.

tet euch nicht, fürchtet euch nicht, fürchtet euch nicht." Die Stimme, die diese Worte gesprochen hat, klingt durch die ganze Geschichte; es ist die Stimme der Boten Gottes, seien sie Engel oder Heilige. Diese Stimme verkündet eine ganz neue Weise des Daseins, ein Dasein im Haus der Liebe, dem Haus Gottes.

Warum aber besteht nicht länger Grund zur Angst? Jesus selbst hat diese Frage lapidar beantwortet, als er sich den erschreckten Jüngern auf dem See wandelnd näherte: „Fürchtet euch nicht. Ich bin es." (Johannes 6,21) Das Haus der Liebe ist das Haus Christi, der Ort, an dem wir auf Gottes Weise denken, sprechen und handeln können und nicht auf die Weise einer angsterfüllten Welt. Aus diesem Haus erklingt immer wieder die Stimme der Liebe: „Fürchtet euch nicht ... Kommt und folgt mir ... Seht, wo ich wohne ... Zieht hinaus und verkündet die frohe Botschaft ... Die Königsherrschaft Gottes ist nahe herbeigekommen ... In meines Vaters Haus sind viele Wohnungen ... Kommt, nehmt als Erbe die Königsherrschaft in Besitz, die euch bereitet ist seit Anbeginn der Welt."

Das Haus der Liebe ist nicht einfach ein Platz im zukünftigen Leben, ein Ort im Himmel jenseits dieser Welt. Jesus zeigt uns dieses Haus vielmehr mitten in unserer angstbesetzten Welt.

Doch an welchen Zeichen können wir das Haus der Liebe

Das Haus der Liebe steht mitten in unserer angstbesetzten Welt.

erkennen? Gibt es Wege, auf denen wir nach und nach unserer Ängste überwinden und uns von der Liebe führen lassen können? Auf diese Fragen möchte ich im Folgenden mit drei Begriffen antworten: *Intimität, Fruchtbarkeit, Ekstase.* Diese drei Schlüsselworte hat mir zuerst Jean Vanier nahegebracht, der Gründer der „Arche", eines weltweiten Netzes von Gemeinschaften für geistig behinderte Menschen.

Ich war Jean Vanier noch nie begegnet, stand aber durch gemeinsame Freunde mit ihm in Verbindung. Eines Tages rief Jean mich an: „Ich veranstalte mit einigen Mitarbeitern der ‚Arche' kurze Pfingst-Exerzitien. Möchten Sie daran teilnehmen?" Mit einem kurzen Lachen fügte er hinzu: „Sie brauchen kein einziges Wort zu reden!" Ich flog nach Chicago und nahm an den Einkehrtagen teil.

Obwohl es unsere erste Begegnung war, sprachen Jean und ich kaum miteinander. Inmitten des Schweigens vermittelte er mir jedoch die drei Worte, von denen dieses Buch handelt. Er erwähnte sie eher beiläufig und hob sie nicht eigens hervor. Jean erklärte: „Durch die Arbeit mit geistig Behinderten habe ich erkannt, dass jedes menschliche Wesen, wie auch immer seine Lebensumstände sein mögen, zu Intimität, Fruchtbarkeit und Ekstase berufen ist." Zunächst erschienen mir diese Begriffe kaum mehr als wohlklingende, leicht zu behaltende Worte. Einige Zeit später jedoch, als ich wieder einmal die Abschiedsreden Jesu an seine Jünger las, ging mir schlagartig auf, dass Jesus selbst das Leben im Haus der Liebe als ein Leben der Intimität, der Fruchtbarkeit und der Ekstase beschreibt.

In der Rede Jesu von sich als dem Weinstock und von seinen Jüngern als den Reben heißt es: „Bleibt in mir, dann bleibe ich in euch." (Johannes 15,4) Das ist eine Einladung zur *Intimität.* Weiter fügt Jesus hinzu: „Wer in mir bleibt und in wem ich bleibe, der bringt reiche Frucht." (Johannes 15,5) Das ist eine Aufforderung zur *Fruchtbarkeit.* Schließlich sagt er: „Dies habe ich euch gesagt, damit meine Freude in euch ist und damit eure Freude vollkommen wird." (Johannes 15,11) Damit verheißt er *Ekstase.* Je mehr ich mich in das Johannesevangelium vertiefte, desto klarer ging mir die Bedeutung dieser drei Themen auf. Durch Jean Vanier einmal darauf aufmerksam gemacht, erkannte ich sie als goldene Fäden, mit denen das gesamte Johannesevangelium durchwirkt ist.

Seit jenem ersten kurzen Gespräch mit Jean Vanier ist viel geschehen. Eine echte Freundschaft hat sich entwickelt und die „Arche" ist ein immer wichtigerer Bestandteil meines Lebens geworden. Nach einigen Besuchen bei der Gemeinschaft der „Arche" in Trosly-Breuil in Frankreich, wo Jean lebt, wurde ich eingeladen, für ein Jahr dort zu leben. Während dieses Aufenthalts von August 1985 bis Juli

1986 hatte ich die Zeit, dieses Buch zu schreiben. Darum ist die „Arche“ die entscheidende Inspiration für dieses Buch und die eigentliche Quelle meiner Darlegungen, Beispiele und Erläuterungen.

Mögen die folgenden Seiten über Intimität, Fruchtbarkeit und Ekstase deutlicher machen, wie das Leben im Haus der Liebe aussieht, und das Verlangen wecken, dort zu wohnen.

Intimität

Einführung

Mit den Worten „Bleibt in mir, dann bleibe ich in euch“ benennt Jesus einen intimen Ort, den wir wirkliches „Zuhause“ nennen können. Zuhause bezeichnet den Ort oder die Gegend, wo wir keine Angst zu haben brauchen, sondern uns von unseren Verteidigungsstrategien freimachen können: Wir können frei sein von Sorgen, frei von Spannungen, frei von Zwängen. Zuhause sind wir da, wo wir lachen und weinen, uns umarmen und miteinander tanzen, lange schlafen und ruhig träumen, essen, lesen, spielen, ins Kaminfeuer blicken, Musik hören und mit Freunden zusammen sein können. Zuhause ist dort, wo wir ausruhen und genesen können. Das Wort „Zuhause“ fasst ein breites Spektrum von Gefühlen und Gemütsbewegungen in einem einzigen Bild zusammen, nämlich im Bild eines Hauses, in dem zu wohnen gut ist: im Haus der Liebe.

Doch Millionen von Menschen in dieser Welt sind ohne Zuhause. Manche sind wegen ihrer inneren Qualen Umhergetriebene, andere sind heimatlos, weil sie aus ihrem Dorf, ihrer Stadt oder ihrem Land vertrieben worden sind. Gefängnisse, geschlossene Klinikabteilungen, Flüchtlingslager, anonyme Großstadtwohnsilos, Pflegeheime und Obdachlosenquartiere vermitteln eine Ahnung davon, was es heißt, heute ohne ein Zuhause zu sein.

Das Heim ist eines der eindrücklichsten Symbole für Glück.

Doch auch auf weniger dramatische Weise wird das Fehlen eines Zuhauses sichtbar. In meiner Zeit als Universitätslehrer bin ich Studierenden aus den verschiedensten Staaten und Ländern begegnet und ich war erschüttert über ihre Einsamkeit. Jahrelang leben diese Studierenden in winzigen Zimmern, unter Fremden, weit weg von ihren Familien und Freunden. Sie haben kaum Privatsphäre und menschliche Gemeinschaft fehlt elementar. Meistens haben sie keinen Kontakt zu Kindern oder älteren Menschen. Selten werden sie von den Nachbarn freundlich willkommen geheißen oder finden Halt in einer Glaubensgemeinschaft. Die Wenigsten kennen eine Familie, die sie unangekündigt aufsuchen und bei der sie sich zu Hause fühlen können. Tausende junger Erwachsener führen anscheinend ein „normales" Leben. Bei näherem Hinsehen wird aber schnell deutlich, warum so viele sich entwurzelt, ja, verloren fühlen.

Die Krankheit unserer Zeit lässt sich wohl kaum treffender als mit den Worten „ohne ein Zuhause" oder „heimatlos" bezeichnen. Heimatlosigkeit offenbart einen der wesentlichsten und schmerzlichsten Lebensumstände, nämlich den Umstand, dass wir uns als nirgendwo zugehörig empfinden und dass wir keinen Ort besitzen, an dem wir uns sicher, umsorgt, beschützt und geliebt fühlen können.

Das erste und offenkundigste Merkmal eines Zuhause ist

seine Intimität. Wenn wir sagen: „Hier fühle ich mich nicht zu Hause“, so drücken wir damit ein Unbehagen aus, das keine Intimität zulässt. Wenn wir sagen: „Ich wollt’, ich wär’ zu Hause“, dann meinen wir damit die Sehnsucht nach jenem vertrauten Ort, der uns das Gefühl vermittelt: Hier gehöre ich hin. Konflikte zu Hause bewirken oft großes Leid, zahlreiche emotionale Störungen haben ihre Wurzeln in häuslichen Verhältnissen und „ein gestörtes Zuhause“ wird in zunehmendem Maße für Kriminalität und Krankheiten verantwortlich gemacht. Dennoch schwingt in dem Wort „zu Hause“ warmherzige Liebe mit; das Heim bleibt eines der eindringlichsten Symbole des Glücks. Im christlichen Glauben heißt es, dass wir im Leben „nach Hause gehen“ und im Tod „schließlich zu Hause ankommen“. Rembrandts Gemälde „Der verlorene Sohn“ ist ein bewegender Ausdruck dieses Glaubens. Die liebende Umarmung, mit der der blinde alte Vater seinen erschöpften Sohn umfängt, antwortet auf unser tiefstes Verlangen nach einem dauernden, intimen Zuhause.

Intimität ist das erste Kennzeichen für das Leben im Haus der Liebe. Um das zu zeigen, untersuche ich zunächst, wie Angst die Entwicklung von Intimität verhindert. Danach werfe ich einen genaueren Blick auf die Beziehung zwischen Intimität und Liebe und schließlich spreche ich über Solidarität als die andere Seite der Intimität.

Intimität und Angst

Angst ist der große Feind der Intimität. Angst lässt uns voreinander fliehen oder uns aneinander festklammern, ohne dass dadurch echte Intimität entstünde. Als Jesus im Garten Gethsemane gefangen genommen wird, ergreift die Jünger Furcht und alle „verließen ihn und flohen" (Matthäus 26,56). Nach der Kreuzigung Jesu drängen sie sich in einem verschlossenen Raum zusammen „aus Furcht vor den Juden" (Johannes 20,19).

Angst lässt uns auf „sichere" Distanz voneinander oder auf „sichere" Tuchfühlung gehen, aber Angst schafft nicht den Raum, in dem echte Intimität gedeihen kann. Angst ermöglicht kein Zuhause. Sie zwingt uns, entweder ganz allein oder unter schützendem Obdach zu leben, ein intimes Zuhause zu errichten erlaubt sie jedoch nicht. Angst nötigt uns entweder zu allzu großem Abstand oder zu allzu enger Nähe. Beides verhindert das Entstehen von Intimität.

Mein eigener Umgang mit Menschen ist leider das beste Beispiel. Häufig gehe ich ihnen aus dem Weg: Ich verlasse das Haus, ziehe mich in einen einsamen Winkel zurück, wo ich unbemerkt bleiben kann, oder ergehe mich in platten, nichtssagenden Redensarten. Manchmal stelle ich eine unechte Nähe zu einem Menschen her. Ich rede zu

Angst nötigt entweder zu allzu großem Abstand oder zu allzu enger Nähe.

lang mit ihm, lache zu laut über seine Scherze oder stimme seinen Ansichten allzu schnell zu. Ob ich zu viel Distanz oder zu viel Nähe herstelle – immer spüre ich einen Mangel an innerer Freiheit und empfinde Groll gegen die Macht, die dieser Mensch über mich hat.

Ängstliche Distanz und ängstliches Zusammenrücken werden in den größeren Zusammenhängen unseres Lebens noch sehr viel deutlicher sichtbar. Sicherer Abstand wird in unserer Welt großgeschrieben. Gefängnisse, psychiatrische Kliniken und Flüchtlingslager werden oft weit entfernt von Gegenden errichtet, wo „normale Menschen" wohnen. Die Furcht erweckenden Fremden müssen auf sichere Distanz gehalten werden. Einen sicheren Abstand wahren wir auch, wenn wir unverfängliche Diskussionsthemen wählen, uns nur auf harmlose Angelegenheiten einlassen, über unumstrittene Themen schreiben und uns mit Menschen umgeben, von denen wir keinen Widerspruch zu erwarten haben.

Das Zusammenrücken aus einem Sicherheitsbedürfnis heraus lässt sich vor allem in Vereinen, Cliquen und Sekten beobachten. Im Inneren herrscht ein starkes Zusammengehörigkeitsgefühl, Außenstehende werden kritisch beargwöhnt. Gerade heute, da die Angst apokalyptische Ausmaße annimmt, üben kleine Gruppen, die Nichtzugehörige als unnütz, gefährlich oder böse bezeichnen, eine

Immer ist es Angst, die uns daran hindert, zu einer vertrauensvollen Gemeinschaft zu finden.

große Anziehungskraft aus. Wer sich an die gemeinsamen Spielregeln hält, ist dagegen stets willkommen.

Doch ob Abstand oder Nähe – immer ist es die Angst, die uns daran hindert, zu einer vertrauensvollen Gemeinschaft zu finden, in der wir alle mit unserer je eigenen Wesensart zusammenwachsen können. Wenn Angst uns voneinander trennt oder allzu dicht zusammenrücken lässt, wird es unmöglich, dass wir uns gegenseitig unsere Verfehlungen, unser Leid und unsere Wunden eingestehen. Ebenso ist es nahezu unmöglich, dass wir zu gegenseitigem Vergeben und zu Versöhnung finden. Distanz ermöglicht uns, andere zu ignorieren und sie als bedeutungslos aus unserem Leben herauszuhalten. Und Nähe bietet uns eine Entschuldigung dafür, dass wir unsere Gefühle des Verletztseins niemals aussprechen oder zugeben.

Jean Vanier, der seit mehr als 20 Jahren mit geistig und körperlich Behinderten zusammenlebt, ist zu einem genauen Beobachter dieser Dynamik der Angst geworden. Ihm wurde immer deutlicher, wie diese schwer behinderten Menschen wirken: wie Fremde, die in einer anderen Welt leben, wie hinter den Schranken ihrer Verkrüppelung Gefangene, wie zur Selbsthilfe unfähige Kranke, wie arme, hilflose Bettler, die keinen Beitrag für die Gesellschaft zu leisten imstande sind. Diese Menschen lösen in den Herzen der „ordentlichen", der „normalen" Leute, der

Freien, der Gesunden, der Begüterten und der Erfolgreichen Angst aus. Behinderte gemahnen uns an eine andere Wirklichkeit, der es um jeden Preis auszuweichen gilt.

Jean Vanier erkannte: Solange diese behinderten Männer und Frauen „die anderen" bleiben, werden sie Opfer bürokratisch-kalter Institutionen oder erstickender Überbehütung. Das bedeutet, dass sie als Fremde zurückgewiesen oder als persönlicher Besitz umklammert werden. Es gibt kein wirkliches Zuhause für sie. Ihr Anderssein nimmt ihnen den Spielraum, sich in ihrem eigenen Schritttempo, nach ihrem eigenen Rhythmus und ihren eigenen, oft verborgenen Begabungen zu entwickeln.

1964 entschloss sich Jean Vanier, zwei Behinderten, Raphael und Philippe, ein Zuhause zu geben. Diesem Entschluss war eine lange Zeit vorausgegangen. Nach zehn Jahren bei der Britischen und Kanadischen Marine hatte Vanier in Paris Philosophie studiert und war Professor am St. Michaelskolleg in Toronto geworden. Dennoch war er sich über seine wahre Berufung im Unklaren. Schließlich kam er nach Trosly-Breuil, einem kleinen Dorf eine Wegstunde nördlich von Paris. Unter Führung seines geistlichen Lehrers Pater Thomas Philippe, der als Kaplan einer kleinen Einrichtung für behinderte Männer in Trosly-Breuil lebte, fasste er den Entschluss, sein Lehramt aufzugeben und Raphael und Philippe, die seit Jahren in einem

Heim gelebt und weder Familie noch Freunde hatten, einzuladen, eine kleine Wohngemeinschaft mit ihm zu gründen. Diese Entscheidung war unwiderruflich. Er wusste, dass er die beiden Männer niemals wieder dorthin zurückschicken konnte, von wo sie gekommen waren.

Jean Vanier nannte seine erste Wohngemeinschaft „Arche“ und verlieh damit seinem Wunsch Ausdruck, sein Haus möge wie die Arche Noah sein – eine Zufluchtsstätte für von Angst geplagte Menschen. Er plante nicht etwa, eine große Bewegung oder Organisation zu gründen. Es ging ihm vielmehr darum, Sorge zu tragen für zwei Menschen, die ohne ständige Hilfe nicht zurechtkamen. Sehr bald jedoch fanden sich zahlreiche Menschen aus verschiedenen Ländern ein, die ihre Hilfe anboten und neue Wohngemeinschaften gründeten. Heute gibt es viele solche Häuser überall auf der Welt – in Kanada, in den Vereinigten Staaten von Amerika, auf Haiti, in Honduras, in England, Irland, Belgien, Frankreich, Spanien, Deutschland und Italien, an der Elfenbeinküste, in Burkina Faso und in Indien. Sie wurden gegründet, um Menschen, deren Behinderung sich von der unsrigen unterscheidet, einen Ort der Geborgenheit zu bieten.

Wenn Jean Vanier über diesen Ort der Geborgenheit spricht, hält er oft die wie zu einer Schale geöffnete Hand hin, als hielte sie einen kleinen verwundeten Vogel, und

Ein Ort der Geborgenheit
ist weder ganz geöffnet
noch ganz geschlossen.

fragt: „Was geschieht, wenn ich meine Hand ganz öffne?" Die Antwort lautet: „Der Vogel wird zu flattern versuchen, er wird zu Boden fallen und sterben." Und er fragt weiter: „Aber was geschieht, wenn ich meine Hand fest schließe?" „Der Vogel wird erdrückt und stirbt." Dann lächelt er und sagt: „Ein Ort der Geborgenheit ist wie meine gewölbte Hand, weder ganz geöffnet noch ganz geschlossen. An diesem Ort ist Gedeihen möglich."

Es ist schwer, einen solchen Platz einzurichten, denn wir sind ängstlich und finden es riskant, Fremde bei uns einzulassen, weil sie uns mit unseren eigenen Ängsten konfrontieren. Wenn wir jedoch bereit sind, uns selbst und den anderen einzugestehen, dass auch wir gebrochen sind, dass auch wir an einer Behinderung leiden und dass auch wir einen Ort brauchen, an dem wir gedeihen können, dann können wir gemeinsam ein Zuhause aufbauen und einander einen Ort der Geborgenheit bieten.

Intimität und Liebe

Wenn Angst der große Feind der Intimität ist, ist Liebe ihr wahrer Freund. Die Worte „Liebe" und „Intimität" werden in unserer stark psychologisierten Welt inflationär gebraucht; deshalb ist es wichtig, ihre spirituelle Dimension

Intimität ist eine Seinsweise,
in der die Spannung zwischen Abstand
und Nähe aufgelöst ist.

wieder in den Blick zu nehmen. Die Versuchung liegt nahe, intime Liebe auf dieselbe Stufe zu stellen wie Angst und sie in der Mitte zwischen „zu weit" und „zu nah" anzusiedeln. Intime Liebe würde also die angstbesetzten Extreme kalter Distanz und erstickender Nähe vermeiden und wäre eine geglückte Mitte.

Zahlreichen Konzepten zwischenmenschlicher Beziehungen liegt diese Denkweise zugrunde. Sie scheinen zu besagen: „Wir brauchen einander, aber wir sollten unsere Unabhängigkeit nicht verlieren. Wir haben ein Bedürfnis nach Nähe, sollten aber unsere Individualität nicht aufgeben. Wir bedürfen gegenseitiger Hilfe, brauchen aber ebenso ausreichend Freiraum für uns selbst." Das trifft durchaus zu, doch häufig werden geglückte zwischenmenschliche Beziehungen vor allem als Ergebnis von Verhandlungen zwischen Partnern angesehen, in denen die beiderseitigen Rechte und Pflichten festgelegt werden. Der Ort vertrauter Liebe bleibt in dieser Sichtweise permanent von Angst bedroht, und zwar von der Angst beider Partner.

Doch auf der Ebene, auf der die Angst wohnt, lässt sich keine Intimität finden. Sie ist kein geglücktes Mittelding. Sie ist eine Seinsweise, in der die Spannung zwischen Abstand und Nähe aufgelöst ist und sich ein neuer Horizont eröffnet. Intimität steht jenseits der Angst. Wer die Ver-

trautheit erfahren hat, zu der Jesus einlädt, weiß, dass er sich nicht mehr um das Zu-nahe-Kommen oder Zu-fern-Bleiben zu kümmern braucht. Wenn Jesus sagt: „Fürchtet euch nicht; ich bin es“, offenbart er einen neuen Raum, in
dem wir uns frei und ohne Angst bewegen können. Dieser intime Raum ist kein schmaler Grenzbereich zwischen Abstand und Nähe, sondern ein weites Feld und die Frage, ob wir in der Nähe oder auf Distanz sind, ist nicht länger entscheidend.

Mit der Aussage, Angst werde durch vollkommene Liebe vertrieben, bezeichnet das Johannesevangelium eine Liebe ganz und gar göttlichen Ursprungs. Hier ist nicht von menschlicher Zuneigung die Rede, von psychologischer Übereinstimmung, gegenseitiger Anziehung oder tiefen zwischenmenschlichen Empfindungen. Das alles hat seinen Wert und seine Schönheit, aber die vollkommene Liebe, die das Johannesevangelium meint, umgreift und übersteigt alle Gefühle und Leidenschaften. Die vollkommene Liebe, die alle Furcht vertreibt, ist göttliche Liebe, an der teilzuhaben wir eingeladen sind. Das Zuhause, der Ort der Geborgenheit und wirklichen Zusammengehörigkeit ist daher kein von Menschenhand geschaffener Raum. Er ist von Gott bereitet, der gekommen ist, um sein Zelt unter uns aufzuschlagen, der uns zu sich einlädt und einen Raum für uns in seinem Haus einrichtet.

In der Bibel ist häufig vom „Zuhause“ die Rede. Die Psalmen sprechen immer wieder von dem Verlangen, im Hause Gottes zu wohnen, unter Gottes Flügeln Zuflucht und in seinem heiligem Tempel Schutz zu finden. Sie preisen Gottes heilige Stätte, Gottes wunderbares Zelt, Gottes feste Zuflucht. In der Formulierung „im Hause Gottes wohnen“ sind alle Sehnsüchte dieser inspirierten Gebete gleichsam zusammenfasst. Es ist bezeichnend, dass das Johannesevangelium Jesus, der sein Zelt unter uns aufgeschlagen hat, als das Wort Gottes bezeichnet (vgl. Johannes 1,14). Von Johannes heißt es nicht nur, dass Jesus ihn und seinen Bruder Andreas eingeladen hat, in seinem Haus zu verweilen (vgl. Johannes 1,38-39), sondern es wird auch deutlich, wie Jesus nach und nach offenbar macht, dass er selbst der neue Tempel (Johannes 2,19) und die neue Zufluchtsstätte (Matthäus 11,28) ist. Am deutlichsten kommt dieser Gedanke in den Abschiedsreden zum Ausdruck, wo Jesus sich selbst als die neue Wohnstatt offenbart: „Bleibt in mir, dann bleibe ich in euch“ (Johannes 15,4).
Jesus, in dem die Fülle Gottes wohnt, ist zu unserer Heimat geworden. Indem er in uns Wohnung nimmt, erlaubt er uns, in ihm Wohnung zu nehmen. Indem er das Innerste unseres Selbst betritt, schenkt er uns die Möglichkeit, in seine eigene enge Beziehung und Vertrautheit mit Gott

So sehr wollte Gott unser tiefstes Verlangen nach einer Heimat erfüllen, dass er beschloss, in uns Wohnung zu nehmen.

einzutreten. Indem er uns als *seine* bevorzugte Wohnung erwählt, lädt er uns ein, ihn als *unsere* eigentliche Wohnstatt zu wählen. Das ist das Geheimnis der Inkarnation, das in der Eucharistiefeier zum Ausdruck kommt, wenn der Priester ein wenig Wasser in den Wein gießt und die Worte spricht: „Wie das Wasser sich mit dem Wein verbindet zum heiligen Zeichen, so lasse uns dieser Kelch teilhaben an der Gottheit Christi, der unsere Menschennatur angenommen hat." In diesem heiligen Austausch zeigt sich Gottes unermessliche Liebe zu uns. So sehr wollte Gott unser tiefstes Verlangen nach einer Heimat erfüllen, dass er beschloss, in uns Wohnung zu nehmen. Damit können wir ganz Mensch bleiben und dennoch unsere Wohnung in Gott haben. In dieser neuen Wohnung besteht kein Unterschied mehr zwischen Ferne und Nähe. Der unendlich ferne Gott ist ganz nahegekommen, indem er unsere sterbliche Menschennatur angenommen hat. So überwindet Gott alle Unterscheidungen zwischen „fern" und „nah" und lädt zu einer Intimität, in der wir dann am meisten wir selbst sein können, wenn wir Gott am ähnlichsten sind.

Allen, die von inneren und äußeren Ängsten gequält werden und die sich in ihrem Herzen verzweifelt sehnen nach dem Haus der Liebe, in dem sie Intimität finden können, ihnen allen sagt Jesus zu: „Ihr habt ein Zuhause. Ich bin

Beten ist der konkreteste Weg, unser Zuhause in Gott zu finden.

eure Heimat. Nehmt mich als eure Wohnstatt in Besitz. Ihr werdet sehen: Dies ist der intime Raum, in dem ich mein Zuhause gefunden habe. Es ist dort, wo ihr seid, in eurem Innersten, in eurem Herzen."

Je aufmerksamer wir auf diese Worte hören, desto deutlicher erkennen wir, dass wir nicht weit zu gehen brauchen, um zu finden, wonach wir suchen. Fatalerweise sind wir jedoch dermaßen von Angst besessen, dass wir nicht auf unser Inneres als Ort der Intimität vertrauen, sondern angstvoll umherirren und hoffen, sie dort zu finden, wo wir nicht sind. Wir wollen den Ort der Intimität in unserem Wissen finden, in Kompetenz, in Berühmtheit und Erfolg, bei Freunden, in Spaß und Sensationen, in Träumen und künstlicher Bewusstseinserweiterung. Doch auf diese Weise werden wir uns selbst entfremdet. Wir werden zu Menschen, die zwar eine Adresse haben, aber nie zu Hause und daher für die wahre Stimme der Liebe unerreichbar sind.

Hier wird erkennbar, was Disziplin im spirituellen Leben bedeutet, nämlich einen fortschreitenden Prozess des Heimkommens dorthin, wohin wir gehören, und ein Lauschen auf die Stimme, die unsere Aufmerksamkeit fordert. Es ist die Stimme der „ersten Liebe". Im 1. Johannesbrief 4,19 heißt es: „Lasst uns lieben, denn er hat uns zuerst geliebt." Diese erste Liebe ist es, die uns den intimen Raum eröffnet, in dem wir sicher wohnen können. Die erste Liebe spricht: „Ihr seid geliebt, noch bevor andere euch lieben können oder ihr die anderen liebt. Ihr seid angenommen, noch bevor ihr andere annehmen könnt oder von ihnen angenommen werdet. Ihr seid sicher, noch bevor ihr selbst Sicherheit gewähren oder empfangen könnt."

Das Zuhause ist der Ort, an dem diese erste Liebe wohnt und mit sanfter Stimme zu uns spricht. Es erfordert Disziplin, nach Hause zu kommen und auf die Stimme der Liebe zu hören – gerade dann, wenn unsere Ängste so stark sind, dass wir außerhalb unserer selbst umherirren. Wenn wir jedoch die Wahrheit begreifen, dass wir bereits ein Zuhause haben, dann haben wir schließlich auch die Kraft, die Illusionen zu entlarven, die unsere Ängste verursachen, und werden uns beharrlich stets von Neuem auf den Weg nach Hause machen.

Dann heißt Umkehr Heimkehr und beten heißt, dort unser Zuhause zu suchen, wo der Herr ein Haus gebaut hat – im innersten Raum unseres Herzens. Beten ist der konkreteste Weg, unser Zuhause in Gott zu finden.

Ein Beleg dafür ist die hesychastische Tradition der Orthodoxen Kirche des Ostens. Das griechische Wort „hesychia" bedeutet „Ruhe"; hesychastisches Beten führt zur Ruhe in Gott. Hesychastisches Beten meint ein Hinabsteigen des Verstandes in das Herz mit dem Ziel, in die Gegenwart

Gottes zu gelangen. Darum wird es auch Herzensgebet genannt. Am verbreitetsten und häufigsten gebraucht sind die Worte des Jesusgebets: „Herr Jesus Christus, erbarm dich meiner.“ Oft werden noch kürzere Sätze gesprochen oder einfach der Name „Jesus“.

Das Gebet der Sammlung, wie es Basil Pennington (1931–2005) beschrieben hat, und das Maranatha („Komm, Herr Jesus“), das John Main (1926–1982) neu entdeckt hat, sind Varianten dieser Form des Gebets. Die hesychastische Tradition ist eine äußerst hilfreiche Unterweisung, unser Zuhause dort zu suchen, wo Jesus Wohnung genommen hat, nämlich in unserem eigenen Herzen. Menschen, die das Herzensgebet täglich üben, erfahren es als einen einfachen, doch wunderbaren Weg zu ihrem wahren Zuhause. Es führt zunehmend heraus aus dem Haus der Angst und bringt uns dem Haus der Liebe näher, dem Haus Gottes.

So ist das Gebet die Reise ins Innerste des Herzens, zu jenem vertrauten Zuhause, wo ein unaufhörliches Gespräch der Liebe möglich ist. Das Gebet führt uns zu dem Wissen: „Alles wird gut sein und alles wird gut sein und aller Art Dinge wird gut sein“ (Juliana von Norwich).

Für Jean Vanier und die behinderten Menschen, mit denen er zusammenlebt, ist diese innige Gottesbeziehung, in der alles gut ist, Grundlage für ein gemeinsames Leben.

Dauerhafte Bindungen müssen ihre Wurzeln in einer Bindung haben, die vor und jenseits allen menschlichen Zusammenseins besteht.

Sie haben gelernt, dass es unmöglich ist, als verwundete Menschen miteinander zu leben, solange sie in wechselseitiger Abhängigkeit einander den ersehnten Ort der Geborgenheit geben wollen. Unsere sichtbaren und verborgenen Wunden sind zu tief, als dass wir einander einen Ort gänzlich ohne Angst bieten könnten. Oft stellen wir übermenschliche Forderungen aneinander und werden diese Forderungen nicht erfüllt, fühlen wir uns verletzt und zurückgestoßen.

In einer Gemeinschaft Schwerbehinderter zeigt sich dies besonders deutlich. Behinderte Menschen verlangen ständige Aufmerksamkeit, während sie selbst selten imstande sind, Dankbarkeit auszudrücken oder freundliche Zuwendung zu erwidern. Dauerhafte Bindungen beruhen nicht einfach auf guten, nicht auf besseren, selbst nicht auf vorzüglichen zwischenmenschlichen Beziehungen. Sie müssen außerhalb der zahlreichen Prägungen und Begierden des verwundeten menschlichen Herzens verwurzelt sein. Sie müssen ihre Wurzeln in einer Bindung haben, die vor und jenseits allen menschlichen Zusammenseins besteht. Sie müssen im Bund mit Gott verwurzelt sein, dem Bund der Treue Gottes, wie er in den Verheißungen an Noah, Abraham und Sarah, Mose und die Propheten zugesagt und in der Menschwerdung Jesu vollends sichtbar geworden ist.

Die andere Seite der Intimität ist Solidarität.

Gott allein ist genügend frei von Wunden, dass er einen von jeglicher Angst freien Raum schaffen kann. In und durch Gott können wir einander vertrauen: in Freundschaft, Ehe und Gemeinschaft. Dieser durch ständiges Gebet genährte intime Bund mit Gott schenkt ein wirkliches Zuhause. In diesem Haus können wir zusammenleben, ohne viel mehr zu wollen als die Bereitschaft, unsere Schwächen voreinander zu bekennen und einander zu vergeben.

Jean Vanier betrachtet diesen göttlichen Bund als Grundlage jeglicher Form menschlicher Treue. Wir halten es nur dann miteinander aus, wenn die „Kraft der Beharrlichkeit" von dem Einen ausgeht, der zu uns kommt, um beharrlich bei uns zu bleiben. Wenn wir erkennen, dass wir in diesem göttlichen Bund tief verankert sind, dann können wir auch miteinander Häuser bauen. Nur dann kann unser begrenztes und gebrochenes Leben die grenzenlose und unverbrüchliche Liebe Gottes widerspiegeln.

Intimität und Solidarität

Den Begriff „Intimität" verwenden wir im Alltag gewöhnlich in der Bedeutung Privatheit, Abgeschiedenheit, Vertrauen und Besonderheit. Bei einer intimen Unterhaltung oder einem intimen Beisammensein denken wir meist an einen kleinen Kreis, der sich mit einer vertraulichen Angelegenheit befasst. Das Wort „intim" meint in der Regel das Gegenteil von „in aller Öffentlichkeit".

Spirituelle Erfahrung zeigt einen völlig neuen Aspekt. Menschen, die Zugang zu ihrem Herzen und dort die Wohnung gefunden haben, in der sie Gott begegnen, machen die geheimnisvolle Entdeckung, dass die andere Seite der Intimität Solidarität ist. Intimität im Haus Gottes schließt niemanden aus, sondern bezieht alle ein. Die Wohnung im Innersten eines Menschen ist so groß und umfassend wie die gesamte Menschheit.

Ebenso wie Ferne und Nähe im Haus Gottes keine gültigen Unterscheidungen mehr sind, sind auch Intimität und Solidarität nicht länger brauchbare Unterscheidungen. Es ist wichtig, den inneren Zusammenhang von Intimität und Solidarität in den Blick zu nehmen. Übersehen wir ihn, wird unsere Spiritualität entweder zu einer reinen Privatangelegenheit oder zu einer bloßen Betriebsamkeit, ohne dass sie die ganze Schönheit des Lebens im Haus Gottes widerspiegelt.

Der beste Zugang zu der engen Beziehung zwischen Intimität und Solidarität lässt sich finden, wenn wir uns die Worte aus dem Johannesevangelium vergegenwärtigen und sie immer tiefer meditieren: „Das Wort ist Fleisch geworden und hat unter uns gewohnt" (Johannes 1,14). Dieser Satz drückt das Geheimnis aus, dass Gott, in dem alles geschaffen wurde, selbst ein Teil dieser Schöpfung geworden ist. Gott, der von unserer Sünde abgelehnt worden ist, ist für uns selbst „Sünde" geworden, um uns Anteil am göttlichen Leben zu geben. So ist die ganze Menschheit in Jesus Christus gesammelt und zum Haus Gottes geführt worden. Durch die Menschwerdung Gottes in Jesus Christus ist alles menschliche „Fleisch" emporgehoben worden zu Gottes Intimität. Alle Menschen – in der Vergangenheit, der Gegenwart und in der Zukunft, in Ost, West, Nord und Süd – sind im und durch das fleischgewordene Wort von Gott umfangen.

Leben, Tod und Auferstehung Jesu sind Ausdruck dieser intimen Verbundenheit mit Gott. Er hat unser Leben gelebt, ist unseren Tod gestorben und hat uns emporgezogen in seine Herrlichkeit. Es gibt kein menschliches Leiden, das Jesus nicht in seinem Todeskampf am Kreuz durchlitten hat; keine menschliche Freude, die Jesus nicht bei seiner Auferstehung zu neuem Leben gefeiert hat; keinen menschlichen Tod, den Jesus nicht gestorben ist, und kein menschliches Leben, das Jesus nicht gelebt hat. In ihm, durch den alles geschaffen ist, ist alles erneuert worden zur Herrlichkeit Gottes.

Das Geheimnis der Menschwerdung offenbart die spiri-

Nur ein vollkommen liebendes Herz kann die Einheit des Menschengeschlechts erfassen.

tuelle Dimension menschlicher Solidarität. Durch die Menschwerdung Gottes ist die ganze Menschheit zu Gott emporgezogen worden. Deshalb bedeutet das Herz Gottes zu finden zugleich auch, das gesamte Volk Gottes zu finden. Deswegen ist ein Christus, in dem nicht alle Menschen miteinander verbunden sind, kein wahrer Christus. Wir, die wir zu Christus gehören, gehören zur gesamten Menschheit. Darum betete Jesus für seine Jünger mit den Worten: „Heilige sie in der Wahrheit; dein Wort ist die Wahrheit. Wie du mich gesandt hast in die Welt, so sende ich sie auch in die Welt. Ich heilige mich selbst für sie, damit auch sie geheiligt seien in der Wahrheit." (Johannes 17,16-19) Wir können nicht in vertrauter Gemeinschaft mit Jesus leben, ohne dass wir zu unseren Brüdern und Schwestern gesandt werden, die derselben Menschheit angehören, die Jesus als die seine angenommen hat. So erweist sich Intimität als Solidarität und Solidarität als Intimität.

Christen sind berufen, Zeugnis von der Wahrheit zu geben, dass Gott alle Menschen zu einer Familie zusammengeführt hat. Und dennoch sehen wir, wohin wir auch schauen, die verheerende Angst, die Menschen voreinander haben: Angst zwischen Rassen, Religionen, Nationen und Kontinenten, Angst zwischen Reich und Arm, Nord und Süd, West und Ost. Wo immer diese Angst herrscht,

Gott ist allen Menschen mit derselben
grenzenlosen Liebe zugetan
und liebt zugleich jeden Einzelnen
in ganz eigener Weise.

da ist Trennung und diese Trennung führt zu Hass, Gewalt, Zerstörung und Krieg. Was wir über die Zustände in der Welt in der Zeitung lesen, im Radio hören und auf dem Bildschirm sehen – alles scheint das Sprichwort zu bestätigen: „homo homini lupus – der Mensch ist dem Menschen ein Wolf." Indem menschliche Intelligenz immer ausgeklügeltere Werkzeuge der Zerstörung erfindet, kommt die Menschheit täglich ihrer eigenen Vernichtung näher. Nicht Solidarität, sondern Zerstörung bestimmt das Verhalten der Menschen zueinander.

Es bedarf neuer Augen und neuer Ohren, um die Wahrheit über unsere Zusammengehörigkeit zu erfassen, eine Wahrheit, die unser gebrochenes, sündiges, angstvolles Herz nicht zu vernehmen imstande ist. Nur ein vollkommen liebendes Herz kann die Einheit des Menschengeschlechts erfassen. Dazu bedarf es göttlicher Erkenntnis. Gott sieht sein Volk als einzigartig, es gehört zu einer Familie und wohnt in einem Haus. Diese Erkenntnis will Gott mit uns teilen. Indem er seinen geliebten Sohn gesandt hat, der für uns alle leben und sterben sollte, will Gott unsere Augen öffnen, damit wir in der Umarmung seiner vollkommenen Liebe unsere Zusammengehörigkeit erkennen.

Wenn wir in der Intimität des Hauses Gottes leben, erkennen wir allmählich die geheimnisvolle Wahrheit, dass Gott, der uns in vollkommener Liebe liebt, alle Menschen in diese Liebe einschließt, ohne dass die einzigartige Kraft seiner Liebe zu jedem Einzelnen dadurch im Geringsten geschmälert würde.

Das ist für uns wohl äußerst schwer zu verstehen. In unserer konkurrenzorientierten Welt sind wir so sehr daran gewöhnt, in den Kategorien von „mehr" und „weniger" zu denken, dass wir kaum begreifen können, wie Gott allen Menschen mit derselben grenzenlosen Liebe zugetan ist und zugleich jeden Einzelnen in ganz eigener Weise liebt. Irgendwie haben wir das Gefühl, dass unsere Auserwählung die Zurückweisung eines anderen bedingt, dass unsere Einmaligkeit den anderen in eine Allgemeinheit abdrängt. Wir meinen, wir könnten uns der Liebe Gottes zu uns nur dann restlos erfreuen, wenn andere weniger als wir selbst geliebt werden.

Doch das spirituelle Leben durchbricht solche Unterscheidungen, die wir aus unserer Verstrickung in Rivalität und Ehrgeiz heraus vornehmen. Das spirituelle Leben lässt uns erfahren, dass derselbe Gott, der alle Menschen mit seiner Liebe umfängt, jedes Haar auf unserem Haupt gezählt hat (Matthäus 10,30), dass derselbe Gott, der niemanden aus seiner Fürsorge ausschließt, jedem einzelnen Menschen mit außerordentlicher Liebe zugeneigt ist, dass derselbe Gott, der für alle da ist, in gleicher Weise für jeden Menschen da ist, so als gäbe es niemanden sonst.

Je inniger unser Gebet wird, desto näher kommen wir diesem Geheimnis der Liebe Gottes. Und je näher wir diesem Geheimnis sind, desto besser können wir es in unser tägliches Leben übertragen. Es gibt uns die Freiheit, die Talente eines jeden anderen Menschen anzuerkennen, ohne uns selbst dadurch herabgesetzt zu fühlen, und die Besonderheit aller Menschen zu achten, ohne uns selbst deswegen weniger einmalig vorzukommen. Es ermöglicht uns, die vielfältigen Arten des Menschseins als ein Zeichen der allumfassenden Liebe Gottes zu feiern.

Wenn wir in den „Haushalt" Gottes eintreten, kommen wir zu der Einsicht, dass die Gespaltenheit der Menschheit und ihr Todeskampf von der falschen Annahme herrühren, dass alle Menschen ihr Recht, geschätzt und geliebt zu werden, erkämpfen müssen. Im Haus der Liebe Gottes beginnen wir mit neuen Augen zu sehen und mit neuen Ohren zu hören und erkennen, dass alle Menschen, unabhängig von Rasse, Religion, Geschlecht, Vermögen, Intelligenz oder Herkunft, zu ein und demselben Haus gehören. Gottes Haus hat keine trennenden Wände und keine geschlossenen Türen. „Ich bin die Tür", sagt Jesus. „Jeder, der durch mich eintritt, wird geborgen sein." (Johannes 10,9) Je weiter wir in das Haus der Liebe eintreten, desto deutlicher werden wir gewahr, dass wir mit der gesamten Menschheit dort zusammen sind und dass wir

So wie das Gebet in das Haus Gottes
und seines Volkes hineinführt,
so führt das Tun zurück in die Welt.

in und durch Christus Geschwister sind, Glieder einer Familie.

Im Haus Gottes werden wir geheiligt zur Treue, das heißt zur Teilnahme am Verlöbnis Gottes mit seinem Volk. Das Wort Verlöbnis – es enthält den gleichen Wortstamm wie „geloben" – bezeichnet die persönliche Dimension des Treuegelöbnisses. In Treue gehören wir in Gott zueinander. Darin besteht die spirituelle Grundlage der Solidarität.

Auch hier finden wir die Grundlage allen christlichen Handelns. So wie das Gebet uns in das Haus Gottes und seines Volkes hineinführt, so führt das Tun uns zurück in die Welt, damit wir dort für Versöhnung, Einheit und Frieden wirken. Haben wir die Wahrheit einmal erkannt, wollen wir der Wahrheit gemäß handeln und der Welt ihr wahres Wesen zeigen. Alles christliche Tun – Kranke besuchen, Hungrigen zu essen geben, Nackte bekleiden oder für eine gerechtere und friedlichere Gesellschaft arbeiten – ist Ausdruck menschlicher Solidarität, die uns im Haus Gottes offenbart worden ist. Christliches Handeln ist kein ängstliches menschliches Bemühen, eine bessere Welt zu schaffen. Es ist ein vertrauensvoller Ausdruck der Wahrheit, dass in Christus Tod, Elend und Zerstörung überwunden sind. Christliches Handeln ist kein banger Versuch, eine zerbrochene Ordnung wiederherzustellen. Es ist das

Aktion bedeutet nicht Aktionismus;
etwas intensiv zu betreiben heißt nicht,
in Betriebsamkeit zu verfallen.

freudige Zeugnis dafür, dass in Christus alle Ordnung bereits hergestellt ist. Es ist keine nervöse Anstrengung, entzweite Menschen zusammenzuführen, sondern die Feier einer schon vollzogenen Einheit. Aktion bedeutet also nicht Aktionismus; etwas intensiv zu betreiben heißt nicht, in Betriebsamkeit zu verfallen. Handelnde Christen wollen heilen, aufbauen, versöhnen und erneuern, aber durch ihr Tun im Hause Gottes verweisen sie auf die heilende, aufbauende, versöhnende und erneuernde Gegenwart Gottes.

Genau das lebt Jean Vanier. Betrachtet man die vielen kleinen Häuser für die Behinderten, fragt man sich unwillkürlich, ob er und seine Mitarbeiterinnen und Mitarbeiter ihre Zeit und ihre Kraft nicht nutzbringender einsetzen könnten. Während die Nöte der Welt unsere volle Aufmerksamkeit fordern, verbringen all diese fähigen, intelligenten Menschen ihre Zeit, oft ihre ganze Zeit, damit, gebrechliche Menschen zu füttern, ihnen ein paar Schritte gehen zu helfen, sind einfach bei ihnen und versuchen, ihnen mit einem freundlichen Wort, mit einer kleinen Zärtlichkeit und einem ermutigenden Lächeln ein bisschen wohlzutun. Während alle Welt darum bemüht ist, es in unserer leistungs- und machtorientierten Gesellschaft zu etwas zu bringen, „verschwenden" diese Menschen ihre Zeit. Was sie tun, ist absolut unergiebig und erfolglos,

ja, sogar nutzlos. Jean Vanier jedoch glaubt, dass in dieser nutzlosen Arbeit für die Armen die Wahrheit der vollkommenen Liebe Gottes zu allen Menschen sichtbar wird.
Dieser erhabene Gedanke wird immer wieder ganz „handgreiflich“ in die Praxis umgesetzt. Während meines Aufenthalts in der „Arche“ wurde ich zu einer Geburtstagsfeier eines Freunds eingeladen, der in „La Promesse“ arbeitet, einem der französischen Heime. Die vierzehn dort lebenden Behinderten stammen aus der Gegend; die Helfer, die tagein, tagaus mit ihnen zusammen wohnen und arbeiten, kommen aus England, Irland, Holland, aus der Schweiz, den Vereinigten Staaten von Amerika, aus Japan und Frankreich. Einige von ihnen sprechen ein wenig Französisch, die meisten haben einen akademischen Abschluss, alle sind junge Leute.

Da das Geburtstagskind Amerikaner ist, beschlossen sie, ein typisch amerikanisches Festmahl auszurichten. Es gab Hamburger mit Ketchup und Kartoffelchips, Cola und Milchshakes. Wir benutzten Pappteller, Plastikbecher und Strohhalme. Während meiner achtzehn Jahre in den Vereinigten Staaten habe ich nie ein solches Essen erlebt, aber offensichtlich werden Amerikaner im Ausland so gesehen.
Wir waren ein Kreis von dreißig Menschen und alle hatten etwas einzubringen: ein Geschenk, ein Lied, eine Rede, ein

selbst gemaltes Bild. Es herrschte ausgelassene Stimmung. Die in einer Prozession aufmarschierenden „Kellner", die den ersten Gang servierten, balancierten die Teller auf dem Kopf; mangels einer Torte brannten Kerzen auf den Hamburgern, Plastikflaschen dienten als Mikrofone, es wurde Musik von Elvis Presley gespielt und einige imitierten sein Gitarrenspiel. Der Abend endete bei Kerzenlicht mit einem geistlichen Lied, einer Lesung aus dem Evangelium, spontanen Gebeten und Fürbitten und einem Lobgesang an „Unsere Liebe Frau von der Arche", der so feierlich klang wie das Salve Regina in einem Trappistenkloster. Als ich da zwischen all diesen behinderten und nicht behinderten, singenden, lachenden, klatschenden und betenden „Verrückten" saß, kam mir plötzlich der Gedanke: Hier haben die Armen alle Reichen von überall auf der Welt um sich her versammelt und führen ihnen die treue Liebe Gottes vor Augen. Hier sind die Unterscheidungen zwischen behindert und normal, arm und reich, nutzlos und nützlich ausgelöscht, hier ist die grundlegende Einheit aller, die im Hause Gottes leben, sichtbar geworden. „Unbedeutendes" Leben hat eine göttliche Bedeutung gewonnen: Bedeutung von einem Gott her, der sich uns offenbart hat in der Schwachheit eines kleinen Kindes, eines Wanderpredigers und eines Ausgestoßenen am Kreuz.
Die Intimität im Haus der Liebe führt stets zu Solidarität

Beten und Handeln sind Ausdruck einer vertrauten Beziehung zu Gott.

mit den Schwachen. Je näher wir dem Herzen des Einen kommen, der uns mit bedingungsloser Liebe zugetan ist, desto näher kommen wir einander in der Solidarität einer erlösten Menschheit.

Zusammenfassung

Intimität ist das erste Kennzeichen des Lebens im Haus der Liebe. Intimität ist ein göttliches Geschenk, das es uns ermöglicht, angstbesetzte Distanz ebenso wie angstvolle Nähe zu überwinden und eine Liebe zu erfahren, die alle menschlichen Vorstellungen und Möglichkeiten der Annahme oder Ablehnung übersteigt. Diese göttliche Intimität ergreift von niemandem Besitz und schließt niemanden aus; sie öffnet vielmehr unsere Augen für alle Menschen als Brüder und Schwestern und macht unsere Hände frei für die Arbeit in Solidarität mit allen Menschen, vor allem mit den Leidenden. So wird beides, Beten und Handeln, zum Ausdruck der Intimität. Wir neigen dazu, das Gebet nur als ein Verweilen bei Gott anzusehen im Gegensatz zum Handeln, das den Umgang mit Menschen einschließt. Doch beides, Beten und Handeln, ist Ausdruck einer vertrauten Beziehung zu Gott und durch ihn zu allen Menschen.

Fruchtbarkeit

Einführung

„Wer in mir bleibt und in wem ich bleibe, der bringt viel

Frucht“ (Johannes 15,5). Dies sind besonders eindringliche Worte über Fruchtbringen bzw. Fruchtbarkeit. Wenn Jesus – und durch ihn die ganze Menschheit – unser wirkliches Zuhause geworden ist, können wir wahrhaft fruchtbringende und fruchtbare Menschen werden. Der Begriff „Fruchtbarkeit“ spielt in unserer modernen Sprache kaum mehr eine Rolle und doch verdient dieses Wort, neu entdeckt zu werden, denn es kann uns mit unserer ursprünglichen menschlichen Fähigkeit, Leben zu zeugen, in Verbindung bringen. Der in unserer technischen Welt altertümlich anmutende Klang des Wortes „Fruchtbarkeit“ deutet darauf hin, dass die bezeichnete Wirklichkeit einer tieferen Schicht unseres Bewusstseins zuzuordnen ist.

Nicht nur unser Gefühl des Mangels an Geborgenheit und für das Fehlen eines Zuhauses, sondern auch unsere Zweifel an der Fähigkeit, Leben zu geben, verursacht großes Leid. Viel Schmerz in der heutigen Welt erwächst unmittelbar aus einem tiefen Gefühl der Wertlosigkeit. Zahllose Menschen erfahren ihr Dasein als stumpf, langweilig, erstarrt und in Routine verhaftet. Es fehlt ihnen an innerer Lebendigkeit, an grundlegendem Lebenswillen. Ein Tag ist für sie wie der andere, oft zwar ausgefüllt mit vielerlei Aktivität, doch meist ohne echte Befriedigung. Dem entspricht ein Lebensgefühl des Mangels – des Mangels, sinnvoll „Frucht zu bringen". Doch manche Männer und Frauen sind sich zum Glück ihres Wertes bewusst, weil sie in Übereinstimmung mit der Bestimmung ihres Daseins leben, nämlich Leben zu ermöglichen. Ihre Freude bringt Freude in die Welt, ihr Frieden schafft Frieden. Sie eröffnen uns die Einsicht in die heilsame gegenseitige Durchdringung aller Lebensströme.

Im Folgenden geht es um die Bedeutung der Fruchtbarkeit für unser Leben, und zwar zunächst um den negativen Zusammenhang zwischen Angst und Fruchtbarkeit. Danach beschreibe ich, wie Fruchtbarkeit im Haus der Liebe sichtbar wird. Schließlich betrachte ich die Konsequenzen von Sendung, die sich ergeben, wenn sich Fruchtbarkeit mit Empfänglichkeit verbindet.

Fruchtbarkeit und Angst

Angst steht nicht nur der Intimität im Wege, sie verhindert auch Fruchtbarkeit. Wenn Angst unser Leben bestimmt, sind wir nicht fähig, in Gelassenheit und Geduld jenen heiligen Ort heiligzuhalten, an dem Frucht gedeihen kann. Angst äußert sich in zwei Formen, nämlich in Sterilität und Produktivität.

Sterilität bzw. Unfruchtbarkeit ist eine der offenkundigsten Ausprägungen der Angst. Wenn wir uns von allen Seiten bedroht fühlen, kapseln wir uns ab und fruchtbare Beziehungen zu anderen können nicht entstehen. Je ängstlicher wir werden, desto mehr ziehen wir uns zurück. Mit zunehmender Gefahr sondern wir uns immer weiter ab, bis schließlich jeder Kontakt zu den anderen verloren geht. Wir verschanzen uns hinter selbst errichteten Schutzmauern und werden unfruchtbar.

Viele Menschen erfahren sich als „steril“, selbst wenn sie Kinder haben, beruflich erfolgreich sind und es zu Wohlstand gebracht haben. Das Empfinden von Sterilität entsteht aus dem Gefühl, nicht wirklich zu leben und deshalb auch kein Leben zu ermöglichen. Dieses Gefühl spiegelt sich in Äußerungen wie: „Ich kann diese Welt nicht ändern. Die großen Entscheidungen werden woanders getroffen ... Ich möchte einfach nur in Ruhe gelassen werden ... Ich kümmere mich um meine Angelegenheiten und das, was mich betrifft. Natürlich sehe ich das Leid der Menschen, doch was kann ich schon tun?“ So klingt die Stimme des Todes. Solche Worte sind Ausdruck eines Gefühls der Nutzlosigkeit und des Selbstzweifels, das den Wunsch, sich zu entfalten, allmählich zum Versiegen bringt.

Das Empfinden von Sterilität entsteht aus dem Gefühl, nicht wirklich zu leben und deshalb auch kein Leben zu ermöglichen.

In der Ersten Welt mit ihrer hochentwickelten Technik und ihrer komplexen Bürokratie haben immer mehr Männer und Frauen jeglichen Sinn dafür verloren, aktiv an der Gestaltung der Zukunft mitzuwirken. Sie erleben sich als unbedeutendes Rädchen in einer komplizierten Maschinerie, deren Funktionsweise sie nicht durchschauen. Das gilt für arbeitslose Jugendliche und bereits aus dem Arbeitsleben Ausgeschiedene ebenso wie für eine große Zahl derer, die mit Engagement und Einsatz ihrer Arbeit in Fabriken und Büros nachgehen. Langeweile beim Tun ist ein unheilvolles Symptom dieser spirituellen Krankheit.

In der Dritten Welt ist das Empfinden von Nutzlosigkeit ebenso präsent, allerdings aus einem ganz anderen Grund. Dort ist der Abstand zwischen Arm und Reich häufig so groß, dass die Besitzlosen sich überflüssig fühlen und als Last für jene erleben, die über das Schicksal ihres Landes bestimmen. Ihrem Elend begegnen die Armen mit Fatalismus. Nichts, was sie tun, so erscheint es ihnen, wird ihre Lage verbessern. Den Einfluss der Herrschenden erleben sie als so übermächtig, dass jeder Versuch, sich für bessere Bildung, bessere Wohnverhältnisse, bessere Gesundheitsfürsorge einzusetzen, zum Scheitern verurteilt erscheint. Wirkliche Veränderung halten sie für ebenso unrealistisch wie den Topf Gold am Fuß des Regenbogens.
Ob in der Ersten oder in der Dritten Welt – die Angst vor

Gottes Geist ist ein schöpferischer Geist, der sich in immer neuem Leben entfaltet.

dem Unbekannten verfestigt die Erfahrung der Unfruchtbarkeit. Aus dieser Erfahrung heraus sagen Menschen: „Ich habe nichts zu bieten." Ohne die Überzeugung, dass uns eine Verheißung gilt, die sich im Laufe unseres Lebens erfüllen wird, schwindet jede Hoffnung und mit der Zeit wird es uns unmöglich, selbst Leben hervorzubringen. Bei manchen Menschen resultiert diese Erfahrung in der Weigerung, Kinder zu haben: „Wozu Kinder, wenn sie keine Zukunft haben?" Andere sehen gerade in Kindern die einzige Sicherheit: „Wer außer meinen Kindern sollte im Alter für mich sorgen?" Für alle Menschen aber lähmt der Verlust der Hoffnung jede auf die Zukunft gerichtete innere Bewegung. In diesem Sinne ist Unfruchtbarkeit zuallererst eine spirituelle Verwundung. Gottes Geist ist ein schöpferischer Geist, der sich in immer neuem Leben entfaltet. Wird dieser Geist durch Angst erstickt, bleibt uns nichts, als uns an dem festzuhalten, was wir besitzen, und damit kommen jede Bewegung und alles Wachstum zum Erliegen.

Von Jean Vanier habe ich etwas darüber gelernt, wie Jesus die Unfruchtbarkeit der Frau am Brunnen erkannte (vgl. Johannes 4,1-42). Jesus begegnet ihr zur Mittagszeit, in der heißesten Stunde des Tages, während der niemand zum Brunnen kommt, um Wasser zu schöpfen. Sie kommt zu dieser Zeit, weil sie es nicht wagt, sich den anderen

Frauen anzuschließen, die sich am frühen Morgen nicht nur zum Wasserschöpfen am Brunnen treffen, sondern auch die letzten Neuigkeiten austauschen. Sie ist eine Ausgestoßene und unter ihresgleichen nicht gern gesehen. Mit den Worten „Das Wasser, das ich gebe, wird zu einer inneren Quelle werden" (Johannes 4,14) verweist Jesus sie auf ihre geistliche Unfruchtbarkeit und bietet ihr Heilung an. Am Ende der Erzählung kehrt die ausgestoßene, verängstigte Frau in die Stadt zurück und bezeugt furchtlos: „Kommt und seht einen Mann, der mir alles gesagt hat, was ich je getan habe. Ob er vielleicht der Messias ist?" (Johannes 4,29-30) Sie ist von ihrer Angst befreit, von ihrer Unfruchtbarkeit geheilt und zu einer fruchtbaren Zeugin des Leben spendenden Christus geworden.

Angst kann nicht nur Sterilität bewirken, sondern auch die Flucht in Produktivität und Leistung. Zwischen Frucht und Produkt bzw. Leistung besteht ein wesentlicher Unterschied: Die Aufforderung zu einem fruchtbaren Leben meint nicht notwendigerweise den Appell, produktiv und leistungsstark zu sein. Wenn wir ein Produkt herstellen, sehen wir es als unser Erzeugnis an. Wird in immer gleichen Arbeitsgängen dasselbe Erzeugnis in Serie hergestellt und die Leistung zur Routine, gilt das als produktiv und zeitökonomisch rentabel.

In unserer Welt kann schlechterdings alles zur Leistung

und zum Produkt werden: Wir produzieren nicht nur Autos, Häuser, Bücher und Gebrauchsgegenstände, sondern stellen auch Beziehungen her, bauen Freundschaften zu wichtigen Menschen auf und sind aktive Entscheider. All diese Aktivitäten geben uns das Gefühl, in den Augen anderer „jemand" zu sein. Wie oft werden Menschen über ihre Produktivität definiert: „Das ist Frank. Er hat mehrere viel beachtete Bücher geschrieben, die Sie unbedingt lesen sollten. – Das ist Maria; sie hat den Pulitzer-Preis bekommen. – Und das ist Peter. Er weiß einfach alles über Fotografieren usw." Damit wird stillschweigend vorausgesetzt, dass wir sind, was wir tun.

In der gegenwärtigen Gesellschaft mit ihrer Fixierung auf Leistung und Erfolg wird Produktivität häufig mit Fruchtbarkeit gleichgesetzt. Produktivität verschafft Ansehen und mindert die Angst vor der eigenen Nutzlosigkeit. Wenn wir jedoch in der Nachfolge Jesu leben wollen, müssen wir begreifen, dass Produkte, Erfolg und Ergebnisse häufig eher dem Haus der Angst zuzuordnen sind als dem Haus der Liebe.

Solange Angst unser Leben beherrscht, sorgen wir uns um unseren eigenen Wert und richten alle Anstrengung auf Leistung. Ich halte unsere tiefe innere Angst vor Unfruchtbarkeit für den eigentlichen Grund unserer hektischen Betriebsamkeit.

Die Aufforderung zu einem fruchtbaren Leben meint nicht notwendigerweise den Appell, produktiv und leistungsstark zu sein.

Die Fixierung auf Leistung nimmt ständig zu, und zwar nicht nur in Handel und Industrie, sondern auch in Sport und Wissenschaft.

Meine eigene Erfahrung beschränkt sich auf den Bereich der Universität. Besonders belastend empfinden viele Studierende den ständigen Druck. Es ist ein Paradox: Gerade junge Menschen, die sich in ihrem Studium den Luxus erlauben können, für die Auseinandersetzung mit den großen Werken unserer Kultur und die Erforschung der Schönheit der Natur Zeit aufzuwenden, kämpfen ständig mit Zeitnot. Die Fülle des Lernstoffs, Seminararbeiten und Prüfungen scheinen ihnen häufig kaum zu bewältigen. Gerade der lateinische Begriff „schola“ (in der Bedeutung: von Fron freie Zeit) erinnert jedoch daran, dass der Sinn der Schule ursprünglich darin bestand, das geschäftige Dasein zu unterbrechen und einen Freiraum für die Betrachtung der Geheimnisse des Lebens zu schaffen. Heute sind Schulen zu Arenen hektischer Wettrennen geworden; die Lernenden sollen in möglichst kurzer Zeit möglichst viel leisten und das notwendige Rüstzeug erwerben, um für den Überlebenskampf gerüstet zu sein. Die Lektüre von Büchern, die mit Muße verkostet werden sollten, unterliegt dem Zeitdiktat; das Studium von Gemälden, die nach einer verweilenden Betrachtung verlangen, verkommt zu Pflichtlektionen des Kunstseminars und Musik,

Leistung und Produktivität können niemals das tiefe Gefühl von Geborgenheit vermitteln, nach der wir uns sehnen.

deren Fülle sich nur in einem gelösten Zustand der Ruhe erschließt, wird mit dem Ziel konsumiert, sie einer Stilepoche zuordnen zu können. Hochschulen und Universitäten, als Freiräume für ein bedächtiges Studium und die Entfaltung des Geistes gedacht, werden immer mehr zu Schauplätzen eines erbitterten Konkurrenzkampfs, dessen Sieger ist, wer am meisten leistet und die besten Ergebnisse vorzuweisen hat.

Diese Betonung von Leistung und Produktivität hat in gefährlicher Weise auf die zwischenmenschlichen Beziehungen übergegriffen. Die Beziehungen zwischen Eheleuten, zwischen Eltern und Kindern, zwischen Geschwistern und zwischen Lehrern und Schülern sind häufig durch ein alles bestimmendes Erfolgsstreben vergiftet. Selbst unsere intimsten und verletzlichsten Lebensbereiche werden von der Angst vor mangelndem Leistungsvermögen bestimmt. Dem steht eine ganze Pornoindustrie gegenüber, die den Mythos zementiert, sexuelle Potenz sei der schnellste Weg zum Glück. Doch all die Filme, Videos, Bücher und Zeitschriften dienen allein dem Ziel, sexuelle Wünsche auszubeuten. Es ist eine Tragödie: In einer von Einsamkeit bestimmten Welt will uns die Pornoindustrie glauben machen, wahre Intimität sei identisch mit „gutem“ Sex. Und selbst wenn sich die meisten Menschen von Pornografie distanzieren, leiden doch viele bewusst oder unbewusst unter der Allgegenwart sexueller Präsenz in unserer hedonistischen Gesellschaft.

Ich vertrete keineswegs den Standpunkt, Leistung und Produktivität seien schlecht oder verachtenswert. Im Gegenteil: Produktivität und Erfolg können unsere Lebensqualität erheblich steigern. Wenn allerdings unser Wert als menschliche Wesen davon abhängt, was wir mit unseren Händen oder unserem Verstand produzieren, werden wir zu Opfern jener Strategie der Angst, mit der unsere Welt operiert. Solange wir unseren Selbstzweifeln mit Leistung und Produktivität zu begegnen suchen, bleiben wir Ablehnung und Kritik hilflos ausgeliefert und neigen zu innerer Verkrampfung und Depression. Leistung und Produktivität können niemals das tiefe Gefühl von Geborgenheit vermitteln, nach der wir uns sehnen. Je mehr wir leisten und produzieren, desto deutlicher erkennen wir, dass Erfolg und Produkte uns die Erfahrung von Zuhausesein und Geborgenheit niemals geben können. Häufig ist unsere Betriebsamkeit ein Zeichen dafür, wie sehr wir von Angst getrieben sind. So gesehen bedeuten Sterilität und Produktivität dasselbe: Beide können Anzeichen sein für unseren Zweifel an unserer Fähigkeit, ein fruchtbares Leben zu führen.

Bei Jean Vanier und den behinderten Menschen wurde mir bewusst, wie erfolgsorientiert ich selbst bin. Das Zusammenleben mit Männern und Frauen, die in der Welt der großen Geschäfte, der Industrie, des Sports oder der intellektuellen Auseinandersetzung nicht mithalten können, deren wesentliche „Leistungen" vielmehr im Anziehen, Laufen, Sprechen, Essen, Trinken und Spielen bestehen, empfinde ich als äußerst ernüchternd. Ich mag zu der theoretischen Einsicht gekommen sein, dass Sein wichtiger ist als Tun, doch sobald ich mit Menschen, die sehr wenig tun können, einfach nur zusammen sein soll, merke ich, wie weit entfernt ich bin von der Umsetzung dieser Einsicht in die Tat. So sind die Behinderten zu meinen Lehrern geworden. Sie haben mir auf vielfältige Weise zu verstehen gegeben, dass Produktivität und Leistung etwas anderes sind als Fruchtbarkeit. Manche von uns mögen produktiv sein, andere nicht – wir alle aber sind dazu berufen, Frucht zu bringen. Fruchtbarkeit ist ein wahres Merkmal der Liebe.

Fruchtbarkeit und Liebe

Ebenso wie Intimität nicht auf halbem Wege zwischen Nähe und Abstand liegt, ist auch Fruchtbarkeit kein geglücktes Mittelding zwischen Sterilität und Produktivität. Zu oft bestimmen Sterilität und Produktivität über unser

Fruchtbarkeit wird dort sichtbar,
wo wir das Wagnis eingehen,
das Leben seiner eigenen inneren Dynamik
folgen zu lassen.

Leben. Die aus Angst resultierende Weigerung, neuem Leben zum Entstehen zu verhelfen, und der gleichfalls von Angst diktierte Versuch, Leben allein durch uns selbst zu schaffen, bedeuten, mit Gott zu spielen. Durch solches Verhalten verweigern wir uns dem liebenden Gott, der uns einlädt, über uns hinauszugehen und uns von ihm an neue und unbekannte Orte führen zu lassen.

Fruchtbarkeit übersteigt beides, Sterilität ebenso wie Produktivität, weil sie im Reich der Liebe und nicht im Reich der Angst zu Hause ist. Es ist das große Mysterium der Fruchtbarkeit, dass sie dort sichtbar wird, wo wir unsere Versuche aufgegeben haben, das Leben zu beherrschen, und das Wagnis eingehen, das Leben seiner eigenen inneren Dynamik folgen zu lassen. Wann immer wir dem Gott der Liebe vertrauen und uns ihm überlassen, werden Früchte reifen. Frucht kann nur aus dem Wurzelgrund intimer Liebe entstehen. Sie wird nicht produziert und entsteht nicht aus beliebig wiederholbarer menschlicher Praxis. Früchte sind nicht zu prognostizieren und planbar, sondern Geschenke, die wir nur annehmen können. Durch diesen Geschenkcharakter unterscheiden sich Früchte von Produkten.

Drei Aspekte eines fruchtbaren Lebens möchte ich skizzieren: Verwundbarkeit, Dankbarkeit und Fürsorge. Ein fruchtbares Leben ist zu allererst der *Verwundbarkeit* aus-

Der Weg Gottes
ist ein Weg der Schwachheit.

gesetzt. Solange wir in einem Zustand gegenseitiger Furcht verharren, rüsten wir uns mit Waffen aus und leben in ständiger Verteidigungshaltung. Aus einer solchen Lebensweise können keine Früchte erwachsen. Sie bringt Mauern hervor, Waffen und ausgeklügelte Erfindungen wie Trident-Unterseeboote und Interkontinentalraketen, doch niemals Früchte. Erst wenn wir es wagen, unsere Schutzschilde abzulegen, und einander genug Vertrauen schenken, um uns unsere gemeinsame Schwäche und Bedürftigkeit einzugestehen, können wir miteinander ein fruchtbares Leben führen.

Der Weg Gottes ist ein Weg der Schwachheit. Das revolutionär Neue des Evangeliums besteht darin, dass Gott gering und verletzlich geworden ist und gerade dadurch Frucht für uns gebracht hat. Jesus hat das fruchtbarste Leben geführt, das denkbar ist. Er hat nicht an seiner göttlichen Macht festgehalten, sondern ist einer von uns geworden (vgl. Philipper 2,6-7). Er hat uns neues Leben gebracht, indem er sich äußerster Verwundbarkeit auslieferte. Er ist als kleines Kind gekommen, das ganz auf die Fürsorge und den Schutz anderer angewiesen ist. Er hat als armer Prediger gelebt, ohne jegliche politische, wirtschaftliche oder militärische Macht. Als gemeiner Verbrecher, ans Kreuz genagelt, ist er für uns gestorben. Aus dieser äußersten Verletzlichkeit ist unser Heil gewirkt. Die

Frucht dieses armseligen und verfehlten Lebens ist ewiges Leben für alle, die an ihn glauben.
Es fällt sehr schwer, das Geheimnis der Verletzlichkeit Gottes auch nur annähernd zu begreifen. Doch haben wir Augen zu sehen und Ohren zu hören, können wir das Geheimnis auf vielfältige Weise und immer wieder wahrnehmen. Es wird sichtbar in der Geburt eines Kindes, der Frucht der Liebe zweier Menschen, die sich schutzlos begegnen und in Schwachheit umarmen. Das Geheimnis der Verletzlichkeit Gottes wird sichtbar in dem dankbaren Lächeln der Armen und der herzlichen Zuneigung von Behinderten. Es steht uns vor Augen, wenn Menschen um Verzeihung bitten und sich versöhnen.
Großes Leid resultiert aus der Angst, Schuld einzugestehen und um Vergebung zu bitten. Doch wie radikal kann sich das Leben von Menschen ändern, wenn sie endlich den Mut finden und bekennen, worüber sie zutiefst beschämt sind oder wessen sie sich heillos schuldig fühlen, und wenn sie dann erkennen, dass sie, statt einen Freund zu verlieren, einen neuen gewonnen haben. Distanz wird überbrückt, Mauern werden niedergerissen und Abgründe zugeschüttet.
Ich erinnere mich an lange und mühsame Gespräche mit einer Studentin, die krampfhaft an ihrem Hass auf Gott festhielt. Sie erlebte Gott durch die Scham und Schuld, die

er ihr aufbürdete, als schrecklich unterdrückend und empfand ihr Leben als einen einzigen Mangel. Keine meiner Erklärungen über Gottes Barmherzigkeit und Liebe konnte ihre Überzeugung ändern. Doch eines Tages, als wir Ruhe für ein langes Gespräch hatten, uns frei von Vorbehalten fühlten und Vertrauen zueinander entstand, erzählte sie mir ihre lange leidvolle Lebensgeschichte mit allen bitteren Einzelheiten. Während sie sprach, spürte ich, dass etwas Neues in ihr aufbrach: das innere Gewahrwerden, dass sie wirklich geliebt wurde und keine Angst zu haben brauchte. Später schrieb sie mir: „Das lange Gespräch, das wir miteinander geführt haben, war für mich der Anfang eines neuen Lebens, eines Lebens unter dem Mantel der Vergebung und der beständigen Liebe Gottes."

In unserer beiderseitigen Verletzlichkeit war für sie das wahre Antlitz Gottes sichtbar geworden, das ihr ein neues Leben ermöglichte. Sie hatte nicht nur Gott gefunden, sondern auch einen neuen Freund.

Wo immer wir sehen, wie Menschen ihre Ängste überwinden und einander in gegenseitiger Verletzlichkeit näherkommen, erahnen wir einen Schimmer der Liebe im Haus Gottes und kosten die Frucht dieser Liebe.

Das zweite Merkmal fruchtbaren Lebens ist *Dankbarkeit*. Unser Erfolgsstreben lässt jede Dankbarkeit erlöschen. Wenn Herz und Geist auf unser Ansehen und die Konkur-

Die Einsicht, dass alles göttliches Geschenk ist, aus Liebe geboren und in Freiheit gegeben, hat eine grundlegende Dankbarkeit zur Folge.

renz mit anderen fixiert sind, fällt es sehr schwer, dankbar zu sein. In einer Gesellschaft, die Unabhängigkeit und Selbstsicherheit als Ideale hochhält, gilt Dankbarkeit eher als Zeichen der Schwäche als der Stärke. Dankbarkeit setzt die Bereitschaft voraus, unsere Abhängigkeit von anderen anzuerkennen und ihre Hilfe und Unterstützung anzunehmen.

Sobald wir jedoch unseren Fokus nicht mehr auf Produkte, sondern auf Früchte richten, werden wir dankbar. Jesus hat immer gedankt. Als er vor dem offenen Grab des Lazarus stand, hat er seinem Vater dafür gedankt, dass er sein Gebet erhört hat (Johannes 11,41). Als seine Jünger mit ihm zum Letzten Abendmahl versammelt waren, hat er Worte des Dankes über Brot und Wein gesprochen. Dankbarkeit ist zentral für das Leben Jesu und seiner Jünger.

Eine der bewegendsten Geschichten über Dankbarkeit ist die im Johannesevangelium überlieferte Erzählung von der Brotvermehrung (Johannes 6,4-13). Als Jesus die hungrige Menge sieht und sich fragt, wo man Brot für alle kaufen soll, sagt Andreas: „Hier ist ein Junge mit fünf Gerstenbroten und zwei Fischen. Aber was ist das für so viele?" In diesen Worten spiegelt sich sehr deutlich die Gesinnung, die uns ängstliche Menschen kennzeichnet. Die Bedürfnisse sind überaus groß, die Vorräte denkbar

Wir leben davon, zu schenken und uns beschenken zu lassen.

klein – was also sollen wir tun? Dieser Gesinnung liegt die Einstellung zugrunde: Lasst uns das wenige, das wir haben, zusammenhalten, damit wenigstens wir überleben. Aber „Jesus nahm die Brote, dankte und teilte sie allen aus, die dort saßen; dann tat er dasselbe mit den Fischen und verteilte, so viel sie wollten." Die radikale Änderung der Sichtweise, Brot und Fisch nicht länger als nur begrenzt zur Verfügung stehende Produkte zu betrachten, die wir für uns selbst horten müssen, sondern als kostbare Gaben Gottes, die geradezu danach verlangen, dankbar geteilt zu werden, bedeutet die große Wende von der Todesverfallenheit zum Lebenspenden, die Abkehr von der Angst und die Hinwendung zur Liebe. Die Erzählung endet mit der überwältigenden Aussage: „Die Jünger füllten zwölf Körbe mit Resten, die von dem Mahl aus fünf Gerstenbroten übrig geblieben waren." Es besteht also nicht der geringste Zweifel, dass das Haus Gottes ein Haus des Überflusses ist und nicht des Mangels.

Die Einsicht, dass alles göttliches Geschenk ist, aus Liebe geboren und uns in Freiheit gegeben, sodass wir Dank sagen und mit anderen teilen dürfen, hat eine grundlegende Dankbarkeit zur Folge.

Je mehr wir der intimen Liebe Gottes innewerden, die uns erschafft, erhält und führt, desto klarer erkennen wir die Fülle der Früchte, die aus dieser Liebe erwachsen. Es sind

Früchte des Geistes: Freude, Frieden, Freundlichkeit, Güte, Bescheidenheit. Finden wir eine dieser Früchte, erfahren wir sie stets als Gabe.

Von der wohltuenden Atmosphäre in der Familie, der guten Stimmung unter Freunden oder dem Geist der Zusammenarbeit und gegenseitiger Hilfe in der Gemeinschaft wissen wir intuitiv, dass wir sie nicht selbst hergestellt haben. Sie können nicht „gemacht" und auch nicht nachgeahmt werden und sie lassen sich nicht übertragen. Es gibt weder Rezepte noch eine Methode, Freundschaften und Frieden herzustellen. Alles wird immer nur als Geschenk empfangen und die einzig angemessene Antwort ist Dank.

Wann immer wir aufrichtige Güte und Sanftmut erfahren, wissen wir: Sie sind geschenkt. „Sie wird schließlich dafür bezahlt, freundlich zu sein. Er ist nur zuvorkommend, weil er im Gegenzug etwas erwartet." Mit einer solchen Einstellung können wir uns Güte nicht mehr schenken lassen. Doch wir leben davon, zu schenken und uns beschenken zu lassen.

Wenn wir alles, was uns widerfährt, als vorhersehbares Ergebnis einer absehbaren Handlung betrachten, verliert das Leben seine Dynamik und überströmende Fülle. Es verkommt zu einem Geschäft, zu einem unaufhörlichen Kaufen und Verkaufen, ganz gleich, ob es sich um materielle, ideelle oder spirituelle Werte handelt. Ohne den Geist der Dankbarkeit verliert unser Leben jede Tiefe und wird stumpf und eintönig. Wenn wir uns jedoch immer wieder von neuen Offenbarungen des Lebens überraschen lassen und nicht nachlassen, zu lobpreisen und Gott und unseren Nächsten zu danken, dann können sich Routine und Eintönigkeit nicht einstellen. Alle Bereiche des Lebens sind dann ein Grund, Dank zu sagen. Fruchtbarkeit und Dankbarkeit gehören also untrennbar zusammen.

Schließlich bedürfen Früchte der *Fürsorge*. Ein fruchtbares Leben kann nur in einem Umfeld gelingen, das vor Angst bewahrt und den zarten, im Wachstum gefährdeten Früchten in uns ein kraftvolles Gedeihen ermöglicht. Fürsorge ist nicht mit Manipulation oder Kontrolle zu verwechseln. Kein Keim wird wachsen, wenn wir ihn täglich aus der Erde herausziehen, um zu prüfen, welche Fortschritte er macht. Ebenso wenig werden die Früchte unseres eigenen Lebens und des Lebens anderer Menschen reifen, wenn wir jede Stufe ihrer Entwicklung kontrollieren wollen. Produkte bedürfen dauernder Instandhaltung, damit sie nicht verschleißen. Früchte dagegen benötigen zum Gedeihen nur guten Boden, Wasser, Luft und Sonnenschein. Jesus kümmerte sich wahrhaft um die Menschen, denen er begegnete. Er übte keine Kontrolle über sie aus, sondern ermöglichte ihnen durch seine Worte und sein

Jedes spirituelle Bemühen dient der Fürsorge für das verletzliche Leben.

Handeln, neue Orientierung zu finden und neue Entscheidungen zu treffen.
Wenn die Angst nicht länger Macht über uns besitzt und wir die von Gott zuerst geschenkte Liebe erfahren, werden wir frei von dem Verlangen, stets zu wissen, was geschieht. Wir können darauf vertrauen, dass sich Gutes ereignet, wenn wir in dieser Liebe verwurzelt bleiben. Alle wahre Erziehung, Bildung und Heilung können die Früchte der Liebe wachsen und sich zu voller Reife entwickeln lassen. Jedes spirituelle Bemühen dient der Fürsorge für das verletzliche Leben und lässt sich dankbar beschenken von den Früchten in all ihrer Vielfalt, in der sich ihre Schönheit zeigt.
Hier in der „Arche" werde ich der Schönheit des Fruchtbringens besser gewahr als je zuvor. Solange wir im Haus der Angst leben, fällt es schwer, behinderte Menschen, denen der intakte Verstand, körperliche Gesundheit, ein einträglicher Beruf und ein glückliches Familienleben fehlen, als fruchtbar anzusehen. Wer jedoch länger mit behinderten Menschen zusammenlebt, lernt ihre große Fruchtbarkeit durchaus zu sehen.
Hier erkenne ich, wie viel Behinderte denen schenken, die zum Empfangen fähig sind. Sie geben großzügig und ohne Zögern, sie schenken ihr Herz. Was für uns „normale" Menschen oft hinter unzulässiger Vereinfachung, Vorein-

Gebrochene Menschen
erlauben uns oft einen Blick
auf unser wahres Ich.

genommenheit und allen möglichen Befürchtungen verborgen bleibt, ist für Behinderte das nächstliegende Geschenk. Sie teilen ihre Liebe, ihre Freude, ihre Dankbarkeit – und ebenso ihre Ängste, ihre Trauer und ihre Enttäuschungen – ganz unmittelbar. Das fordert uns heraus, mit unserem Herzen zu antworten. Sie bringen uns mit unseren oft verborgenen Gaben, aber auch mit unseren Schwächen in Kontakt und heilen uns, ohne es selbst zu wissen!

Schwer Behinderte nehmen die Stimmung ihrer Betreuer und die Atmosphäre in ihrem Heim oft mit einer geradezu unheimlichen Feinfühligkeit wahr. Wenn Harmonie und Frieden herrschen, sind sie glücklich und zufrieden. Liegen dagegen Konflikte und Spannungen in der Luft, machen sie sich diese häufig zu eigen und reagieren darauf, ehe ihre Betreuer sie überhaupt bemerken. Sie sind ein zuverlässiges Barometer für die geistige Verfassung ihres Gegenübers. Das Zusammenleben mit Menschen, die ihrem Gegenüber ganz unmittelbar seine Hochs und Tiefs spiegeln, ist allerdings, wie einer der Mitarbeitenden in der „Arche" feststellt, nicht immer leicht.

Viele, die jahrelang mit Behinderten gearbeitet haben, stellen voller Freude fest, dass sie mehr empfangen als gegeben haben, ja, durch ihre Arbeit mit Behinderten haben sie sich oft selbst gefunden. Jean Vanier berichtet von einer Begebenheit, in der sich das sehr deutlich zeigt: Vor einigen Jahren unternahmen Mitglieder der „Arche“ eine Pilgerreise ins Heilige Land. Als sie auf dem streng bewachten Flughafen in Israel gelandet waren, marschierte Jean Claude, einer der behinderten Männer, geradewegs auf die bewaffneten israelischen Soldaten zu, gab jedem die Hand und brachte zum Ausdruck, wie glücklich er über die Ankunft im Heiligen Land sei! Gebrochene Menschen erlauben uns oft einen Blick auf unser wahres Ich, selbst wenn es sich hinter Uniformen und Gewehren versteckt. Sie zeigen uns, dass wir wahrhaft Brüder und Schwestern sind und dass Rüstungen oder Waffen nichts darüber sagen, wer wir in Wahrheit sind.

Behinderte sind überaus verletzlich. Sie können ihre Gebrechen nicht verbergen und häufig werden sie deshalb zu Opfern von Spott oder gar Misshandlung. Aber eben durch diese Verletzlichkeit bringen sie auch reiche Frucht in das Leben von Menschen, die sie annehmen. Behinderte sind dankbare Menschen. Sie wissen, dass sie von anderen abhängig sind, und verbergen diese Abhängigkeit auch nicht. Aber ihr Lächeln, ihre Umarmungen und Küsse schenken sie als spontanen Ausdruck des Danks. Sie wissen, dass wirklich alles nur Geschenk ist, für das sie Dank schulden. Behinderte brauchen Fürsorge. Wenn sie in Verwahranstalten weggesperrt und als Niemand behandelt werden, ziehen sie sich zurück und können keine Frucht bringen. Sie werden von Ängsten überwältigt und verschließen sich vor anderen. Wenn sie jedoch in einem sicheren Freiraum mit treu sorgenden Menschen leben, denen sie vertrauen können, werden sie bald großzügig Schenkende, die bereit sind, ihr ganzes Herz zu geben.

Behinderte Menschen helfen uns, das tiefe Geheimnis der Fruchtbarkeit zu verstehen. Sie holen uns aus unserem von Ehrgeiz und Leistung bestimmten Leben heraus und erinnern uns daran, dass auch wir Behinderte mit dem Bedürfnis nach Liebe und Fürsorge sind. Sie lassen uns auf vielfältige Weise sehen, dass auch wir uns wegen unserer Beeinträchtigungen nicht ängstigen müssen, dass auch wir Frucht bringen können, so wie Jesus es getan hat, als er seinen geschundenen Leib seinem Vater überantwortet hat.

Fruchtbarkeit und Sendung

Ein vollständiges Bild von Fruchtbarkeit erfordert auch einen Blick auf ihre globale Dimension. Die Früchte des Geistes Gottes – Liebe, Freude, Frieden, Geduld, Freundlichkeit, Güte, Treue, Bescheidenheit und Selbstbeherrschung (vgl. Galater 5,22-23) – dürfen nicht auf den zwi-

Die Früchte des Geistes
wachsen und reifen
in einem globalen Prozess
von Geben und Nehmen.

schenmenschlichen Bereich beschränkt werden. Ihre Bedeutung und Wirkung gehen über den engen Kreis von Freundschaft, Familie und Gemeinschaft weit hinaus. Sie haben eine weltweite Dynamik, die wir Sendung bzw. Mission nennen. So wie Solidarität aus echter Intimität erwächst, entspringt die Sendung der Fruchtbarkeit.

Das Leben im Geiste Jesu wird wesentlich davon bestimmt, dass wir immer ausgesandt sind, um allen Völkern und Nationen die Gaben Gottes zu bringen und sie umgekehrt auch von ihnen zu empfangen. Wir können in unserer Spiritualität unmöglich das Haus Gottes betreten und dort das ganze Menschsein finden, ohne zu der tiefen Überzeugung zu gelangen, dass die Früchte des Geistes in einem globalen Prozess von Geben und Nehmen wachsen und reifen.

Meine Besuche in Lateinamerika haben mir die Augen für diesen umfassenden Aspekt der Fruchtbarkeit geöffnet. Bei meinem ersten Aufenthalt musste ich gegen das Empfinden von Unfruchtbarkeit ankämpfen und spürte das Bedürfnis, mich durch Produktivität zu beweisen. Ich fühlte intuitiv, dass wir Menschen der nördlichen Halbkugel, die in großem Wohlstand leben, aufgerufen sind, mit den Armen des Südens zu teilen. Angesichts des offensichtlichen Mangels an materiellen Gütern, Ausbildung und medizinischer Versorgung wollte ich unbedingt etwas unterneh-

Vor Gott gibt es keinen Unterschied zwischen Besitzenden und Besitzlosen.

men. Sehr schnell wurde mir jedoch klar, dass dieses Bedürfnis der Einstellung eines übereifrigen Problemlösers gleicht, der sein ganzes „Know-how“ einsetzen will. Natürlich ist es nicht negativ, Armut zu bekämpfen und sich für ein besseres Gesundheits- und Erziehungswesen zu engagieren. Wenn unser Hauptbeweggrund jedoch nur darin besteht, etwas erfolgreich zu verändern, hat das auf lange Sicht womöglich mehr negative als positive Folgen, denn blinder Veränderungswille hat oft Gewalt zur Folge.

Richten wir unsere Aufmerksamkeit aber ganz auf die Früchte des Geistes, werden wir sehr schnell erkennen, dass sie unter den Völkern Lateinamerikas bzw. des Südens ebenso spärlich und ebenso reichlich zu finden sind wie im Norden. Es scheint sogar, dass in Gesellschaften, in denen die Menschen in offensichtlicher Abhängigkeit und Gefährdung leben, sich Gottes fruchtbare Liebe oft mit größerer Selbstverständlichkeit offenbart. Bereits nach wenigen Wochen des Zusammenlebens mit den Armen in Lima in Peru wurde mir angesichts ihrer trotz der bitteren Armut unübersehbaren Gabe der Freude, des Friedens und der Bescheidenheit klar, dass ich mindestens ebenso sehr ein Empfangender bin wie Gebender. Vielleicht war es für mich wichtiger, die vielfältigen Gaben der Armen, die ihrer Liebe entspringen, anzunehmen, als zu versuchen, für sie etwas wert zu sein.

Es fällt uns schwer, die Rolle der Empfangenden zu akzeptieren. Wir sind so sehr darauf fixiert, nützliche Projekte in Angriff zu nehmen, uneffizientes Vorgehen zu verändern und brennende Probleme zu lösen, dass nur ein tiefgreifender Wandel der Herzen und der Gesinnung uns zu Empfangenden machen kann. Es fällt uns manchmal schwer zu glauben, dass Gott die Menschen Südamerikas genauso liebt wie uns und dass seine Liebe dort ebenso fruchtbringend ist wie irgendwo sonst.

Wenn wir uns klarmachen, dass wir im Hause Gottes Geschwister sind – unabhängig von Rasse, Religion oder Nationalität –, dann begreifen wir, dass es vor Gott keinen Unterschied gibt zwischen Besitzenden und Besitzlosen. Wir alle haben etwas zu geben und sind andererseits darauf angewiesen, dass auch uns gegeben wird. Ich komme immer mehr zu der Überzeugung, dass eine der wichtigsten Aufgaben unserer Sendung darin besteht, die Charismen des Lebens der Armen, der Unterdrückten und der Leidenden als Gnadengaben zur Rettung der Reichen anzunehmen.

Es ist eine historische Tragödie, dass wir die Armen systematisch um die Früchte ihrer Arbeit betrügen, anstatt uns von den spirituellen Früchten ihres Lebens beschenken zu lassen. In dem verächtlichen Ausdruck „Bananenrepublik“ kommt diese ausbeuterische Haltung zum Ausdruck.

Wir, die wir in der Illusion von Herrschaftsdenken und satter Selbstzufriedenheit gefangen sind, müssen echte Freude, Frieden, Vergebung und Liebe von unseren armen Brüdern und Schwestern lernen. Martin Luther King jun. (1929–1968) sah es für die Schwarzen in den Vereinigten Staaten von Amerika als ebenso wichtig an, die Weißen zu bekehren wie für sich die gleichen Rechte zu erkämpfen. Genauso notwendig ist es für die Reichen, sich von den Armen bekehren zu lassen wie ihren Wohlstand mit ihnen zu teilen. In unserer Fixierung ausschließlich auf das Geben und unserer Weigerung, etwas anzunehmen, zeigt sich unser Streben nach Macht um jeden Preis. So bleiben wir im Haus der Angst gefangen.

Während eines Aufenthalts in Südamerika hielt ich die Trauerfeier für den achtzehnjährigen Antonio, der bei einem tragischen Unfall ums Leben gekommen war. Nach dem Gottesdienst wollte ich Antonios Mutter mein Beileid aussprechen. Vor lauter Mühe, die richtigen Worte für meine Empfindungen zu finden, blickte ich zu Boden und wagte kaum, seine Mutter und die anderen Umstehenden anzusehen. Schließlich stammelte ich in meinem schlechten Spanisch: „Ich fühle aufrichtig den bitteren Verlust mit, den Sie erlitten haben. Ich finde keine passenden Worte für Sie, aber ich hoffe, Sie verstehen, dass ich an Ihrem Schmerz Anteil nehme.“

Echte Freude, Frieden, Vergebung und Liebe müssen wir von unseren armen Brüdern und Schwestern lernen.

Ich sprach zögerlich und unsicher. „Danke, Pater, vielen Dank für die wunderbare Messfeier ... Bitte, kommen Sie mit uns nach Hause und essen Sie mit uns." Ich verstand ihre Worte nicht ganz und wiederholte: „Ich empfinde zutiefst den Verlust Ihres Sohnes mit." Sie aber sagte noch einmal: „Haben Sie Dank für die Messfeier und kommen Sie, um mit uns zu essen." Als ich immer noch nicht begriff und die Augen niedergeschlagen hielt, trat sie näher, richtete mich auf, sah mir in die Augen und sagte freundlich: „Seien Sie nicht so traurig, Pater. Wissen Sie nicht, dass Gott unseren Antonio liebt, dass Gott ihn uns für einige Jahre geschenkt hat und ihn nun im Himmel haben möchte? Wir sind dankbar, dass er bei uns gewesen ist, und wir sind ebenso dankbar, dass er nun für immer bei Gott sein darf. Auch Ihnen sind wir dankbar. Gott liebt uns alle und trägt Sorge für uns alle. Bitte, kommen Sie und essen Sie mit uns."

Ihre Eltern und Geschwister, ihre anderen Söhne und Töchter und all ihre Enkelkinder sahen mich aufmerksam an und stimmten ein: „Ja, Pater, ja! Sie hat recht, kommen Sie und seien Sie unser Gast." Da spürte ich, dass diese betrübte Frau, umgeben von den Menschen, die sie liebten, mir die Frucht ihrer Trauer gab: Vertrauen auf Gott, Dankbarkeit, Freundlichkeit und Fürsorge. Sie war in gleichem Maße zu mir gesandt wie ich zu ihr. Sie diente mir

Wo immer Menschen beginnen, ihre Gaben miteinander zu teilen,
da nimmt das Friedensstiften seinen Anfang.

ebenso wie ich ihr. Sie schenkte mir ein Wort des Trostes und der Stärke, das nur sie sprechen konnte, weil sie so viel gelitten hatte.

Mir wurde klar, dass diese Frau stellvertretend für zahllose Männer und Frauen Lateinamerikas da stand. Sie forderte uns Menschen des Nordens, die wir so viel besitzen, so viel wissen und so viel leisten können, dazu auf, die Früchte des Ringens und Leidens der Südamerikaner anzunehmen und zu uns heimzutragen, damit auch wir gedeihen können.

Wie anders sähe unsere Welt aus, wenn unser ganzes Streben darauf gerichtet wäre, die Früchte der Liebe der Armen und Unterdrückten anzunehmen. Wir sind permanent versucht, in den armen Ländern einen Nährboden für Atheismus und Kommunismus zu sehen, und halten sie für eine Bedrohung unserer nationalen Sicherheit. Solange wir Armeen aufstellen und Panzer, Unterseeboote und Raketen produzieren, verharren wir im Haus der Angst. Und je besessener wir diese Waffen herstellen, desto schwieriger wird es für uns, die Früchte zu sehen, die es zu empfangen gilt.

Wie wäre es, wenn wir unsere Nachbarn im Süden zu allererst als Menschen betrachteten, die mit großer Andacht beten, die ihre Kinder und Familien von Herzen lieben, die wunderschöne Gedichte schreiben und die vom

Geist der Freude und der Dankbarkeit durchdrungen sind? Würden wir diese Gaben dann nicht freudig annehmen, wir, die wir zu geschäftig sind, um zu beten, zu einsam, um uns um den Familienzusammenhalt zu kümmern, zu nüchtern für Poesie und zu sehr mit uns selbst beschäftigt, um Freude und Dank zu empfinden?

Wenn unser größtes Anliegen darin bestünde, die Gaben der innigen Liebe Gottes, die er allen Menschen zugedacht hat, untereinander auszutauschen – ja, dann wäre der Frieden nahe. Von diesem Frieden ist in unserer Welt nur wenig zu sehen, aber wo immer Menschen das Haus der Angst verlassen und endlich beginnen, ihre Gaben im Haus der Liebe miteinander zu teilen, da ereignet sich wirkliche Sendung und da nimmt das Friedensstiften seinen Anfang.

Zusammenfassung

Fruchtbarkeit schafft Leben. Gott ist ein Gott der Lebenden und wo immer Gottes liebende Gegenwart aufscheint, sehen wir Leben hervorbrechen. Sowohl Unfruchtbarkeit als auch Produktivität trägt den Keim des Todes in sich. Fruchtbarkeit bedeutet immer neues Leben – Leben, das sich in ursprünglicher, junger, einzigartiger Weise bekundet: in einem Kind, einem Gedicht, einem Lied, in einem freundlichen Wort, einer zärtlichen Umarmung, einer fürsorglichen Hand oder in neuer Gemeinschaft unter den Völkern.

Leben aber will gefeiert werden. Ohne den Glanz des Festes kann kein Leben erblühen. Das führt uns zum dritten Wesensmerkmal im Haus der Liebe: der Ekstase.

Ekstase

Einführung

Das dritte Merkmal des Lebens im Haus der Liebe ist Ekstase. Das mag zunächst überraschen. Wenn wir an Ekstase denken, stellen wir uns oft unwillkürlich einen Mystiker im Zustand spiritueller Entrückung vor. Wir halten solche Zustände für eine Ausnahme, die nur wenigen Glücklichen – oder Unglücklichen! – vorbehalten ist. Ich finde es jedoch sehr wichtig, dass der Begriff „Ekstase" für alle Christen anwendbar ist, die sich darum bemühen, aus dem Haus der Angst in das Haus der Liebe zu gelangen. Nach der Rede Jesu über Intimität und Fruchtbarkeit spricht er zu seinen Jüngern: „Dies habe ich euch gesagt, damit meine Freude in euch sei und damit eure Freude vollkommen werde" (Johannes 15,11). Vollkommene Freude ist der Lohn vertrauten und fruchtbaren Lebens im Hause Gottes. Und Ekstase ist eben diese vollkommene Freude, eine Freude, die nicht einigen wenigen Mystikern vorbehalten, sondern allen Glaubenden zugesagt ist.

Wir leben in einer freudlosen Zeit. Heimatlosigkeit und Zweifel an unserer Fähigkeit, Leben zu schenken, sind zwei der Hauptgründe für das Leiden in unserer Welt. Besonders deutlich sichtbar wird dieses Leid im Fehlen der Freude. Und über die Freude, die Menschen erfahren, wird zudem viel zu selten gesprochen.

Freude lässt sich schwerer in Worte fassen als Traurigkeit.

Ich erinnere mich noch genau, wie einer meiner Universitätslehrer ein ganzes Jahr lang über die Angst im menschlichen Leben dozierte. In allen Einzelheiten erläuterte er die Positionen von Kierkegaard, Sartre, Heidegger und Camus und zeichnete ein eindrückliches Bild von der Anatomie der Angst. Eines Tages gegen Ende des Semesters fanden einige Studierende den Mut, ihn zu unterbrechen und ihn zu bitten, auch noch über die Freude zu sprechen, bevor die Vorlesung zu Ende sei. Zunächst war er verblüfft, versprach dann aber, ihrem Wunsch nachzukommen. In der nächsten Woche begann er zögerlich mit seinem Vortrag über die Freude. Seine Worte klangen weniger überzeugend und eher tastend, ganz anders als bei seinen Ausführungen über die Angst. Zwei weitere Wochen später schloss er seine Ausführungen über die Freude ab und kündigte an, seinen unterbrochenen Gedankengang über die Angst fortzusetzen. Diese Begebenheit hat mich lange beschäftigt, denn ich schätzte diesen Lehrer sehr. Ich frage mich, warum er nicht mit derselben Eloquenz über Freude sprechen konnte wie über Angst.

Freude lässt sich schwerer in Worte fassen als Traurigkeit. Offensichtlich stehen uns mehr und differenziertere Begriffe für Krankheit und unnormale Lebensbedingungen zur Verfügung als für Gesundheit und Normalität. Wenn mir mein Bein weh tut, mein Kopf schmerzt, meine Augen brennen oder mein Herz sticht, erzähle ich oft wortreich davon. Wenn ich mich dagegen rundum gesund fühle, habe ich wenig oder nichts über mein Körperempfinden zu sagen.

Vielleicht bedeutet das, dass es im Leben weniger Freude als Traurigkeit gibt. Ebenso ist es jedoch auch möglich, dass Freude ein fundamentalerer, vertrauterer, „normalerer“ Zustand als Traurigkeit und Schmerz und darum schwerer zu artikulieren ist. Worte über Freude klingen häufig abgenutzt, oberflächlich oder sentimental und berühren uns selten so tief wie Worte über Bedrängnis, Angst und Schmerz. Sie reichen anscheinend kaum an den eigentlichen Urgrund.

Für Jesus ist Freude ein tieferer und wahrhaftigerer Zustand als Sorge. Er verheißt Freude als das Zeichen neuen Lebens: „Ihr werdet traurig sein, aber eure Traurigkeit wird sich in Freude verwandeln. Wenn eine Frau gebiert, leidet sie Not, weil ihre Stunde gekommen ist. Aber wenn sie das Kind geboren hat, denkt sie nicht mehr an ihre Not in der Freude darüber, dass ein Mensch zur Welt gekommen ist. So seid auch ihr jetzt traurig, aber ich werde euch wiedersehen; dann wird euer Herz sich freuen und niemand nimmt euch eure Freude“ (Johannes 16,20b-22).

Jesus stellt einen Zusammenhang her zwischen Freude und seiner Verheißung, ihn wiederzusehen. Insofern gleicht sie der Freude, die wir empfinden, wenn ein Freund nach langer Abwesenheit zurückkehrt. Jesus stellt aber zugleich klar, dass Freude mehr ist als das. Er spricht von „seiner eigenen Freude“, die aus der Liebe entspringt, die ihn mit seinem himmlischen Vater verbindet, und die zur ganzen Fülle kommt. „Bleibt in meiner Liebe ..., damit meine Freude in euch sei und eure Freude vollkommen werde“ (Johannes 15,9b.11).

Das Wort „Ekstase“ hilft, die Freude, die Jesus schenkt, besser zu verstehen. „Ekstase“ kommt vom griechischen „ekstasis“, hergeleitet von „ek“ = „aus“ und „stasis“ = „Stillstand“. Ekstatisch zu sein heißt also wörtlich, sich außerhalb eines Ruhezustands zu befinden. Wer ekstatisch lebt, löst sich also von starren, zementierten Zuständen und entdeckt neue, nicht erforschte Dimensionen der Wirklichkeit. Daran erkennen wir das Wesen der Freude. Freude ist immer neu. Es gibt alten Schmerz, alten Kummer, alte Sorgen, aber keine alte Freude. Alte Freude ist gar keine Freude! Freude hat stets mit Bewegung, Erneuerung, Neugeburt, Wandel, kurz, mit Leben zu tun.

Freude ist ihrem Wesen nach ekstatisch, weil sie vom starren und verhärteten Reich des Todes wegstrebt und hindrängt zum neuen und überraschenden Reich des Lebens. „Gott ist kein Gott der Toten, sondern der Lebendigen“ (Matthäus 22,32). In Gott gibt es nicht den kleinsten

Freude ist ihrem Wesen nach ekstatisch,
weil sie hindrängt zum neuen
und überraschenden Reich des Lebens.

Schatten von Tod. Gott ist pures Leben. Darum ist Leben im Hause Gottes Leben im Zustand andauernder Ekstase, in der wir ununterbrochen Freude darüber empfinden, dass wir leben.

Im Folgenden möchte ich näher auf die Bedeutung der Ekstase für unser Leben eingehen und zeigen, dass Angst und Ekstase nicht miteinander bestehen können. Weiter beschreibe ich, wie Ekstase zu einem Freudenfest im Haus der Liebe wird. Abschließend betrachte ich die globale Dimension der Ekstase und stelle sie als Weg zu einer neuen internationalen Lebensordnung dar.

Ekstase und Angst

Wie die Angst Intimität und Fruchtbarkeit verhindert, so macht sie auch Ekstase unmöglich. Wenn wir sagen: „Wir waren außer uns, waren in Ekstase, als wir diese Berge sahen", dann rufen wir uns einen von Angst freien Augenblick ins Gedächtnis zurück, einen Augenblick, in dem wir vollkommen empfänglich waren für die Schönheit der Umgebung. In einem ekstatischen Augenblick verlieren wir die Eingenommenheit von uns selbst und werden aus uns herausgerissen in eine neue Wirklichkeit.

Im Haus der Angst hat die Ekstase keinen Raum. Angst be-

Rituale tragen zu einem geordneten Leben und einem guten Umgang mit anderen Menschen bei.

wirkt, dass wir uns entweder krampfhaft an Vertrautes klammern oder im Falle akuter Angst uns wahllos verzetteln. In unserer von Angst geprägten Gegenwart sind diese

Reaktionen – Routine und Entwurzelung – deutlich sichtbar.

Routine vermittelt ein Gefühl der Gleichförmigkeit und Vertrautheit; dadurch kann Angst zeitweise gelindert werden. Häufig setzen wir beim Reden, Denken und Handeln auf Routine, um angstbesetzte Auswirkungen zu vermeiden. Routine ist verlässlich voraussagbar und immer gleich und birgt keine Überraschungen. Für starre und damit todbringende Routine stehen Totschlagargumente wie: „Das haben wir schon immer so gemacht. So wurde das noch nie gemacht. Das hat sich bewährt. Meine Erfahrung lehrt."

Gewohnheiten nehmen manchmal die Form komplizierter Rituale an. Kleine Kinder beispielsweise fordern von ihren Eltern häufig ein bestimmtes Zeremoniell, das ihnen ein Gefühl der Sicherheit gibt. Das Vorlesen einer Geschichte, ein gemeinsames Gebet, ein Gutenachtkuss oder ein Wiegenlied können zu einem solchen Ritual zur Schlafenszeit gehören, das die „Geister" der Dunkelheit vertreiben soll. Kinder können unerbittlich sein, was die gleiche und richtige Reihenfolge dieses Rituals betrifft.

Doch nicht nur Kinder entwickeln solche Gewohnheiten, sondern wir alle schaffen uns in einem gewissen Maß Rituale. Sie können so einfache Dinge betreffen wie die Art und Weise, den zu Tag beginnen, Gäste zu empfangen, eine Unterhaltung zu führen oder eine Mahlzeit zuzubereiten. Andere Rituale sind höchst differenziert wie unsere politische Einstellung, unser Verhältnis zur Kirche, unsere Art, Festtage zu begehen, über den Tod zu sprechen oder auf eine Lebenskrise zu reagieren.

Es wäre zu einfach, all diese Gewohnheiten als Ausdruck der Angst anzusehen. Viele tragen zu einem geordneten Leben und einem guten Umgang mit anderen Menschen bei. Wenn jedoch Routine unser tägliches Leben immer mehr bestimmt und Änderungsvorschläge heftigen Widerstand auslösen, dann hat die Angst die Wurzeln unseres Daseins zu vergiften begonnen.

In der „Arche" lässt sich gut beobachten, wie Menschen ihrer Angst mit Gewohnheiten begegnen. Als ein dreißigjähriger geistig behinderter Mann mir alle Einzelheiten seiner Arbeit in der Werkstatt auseinandersetzte und ich ganz begeistert einer Betreuerin davon erzählte, klärte sie mich auf: „Diese Geschichte erzählt er allen Neuankömmlingen im Haus. Es ist seine Art, mit Fremden umzugehen. Wir wollen ihm helfen, seine Angst allmählich abzubauen, und geben ihm Stoff für neue Geschichten." Schlagartig wurde mir klar, wie sehr ich diesem Behinderten gleiche. Ich habe vielleicht mehr als eine Geschichte, um meine

Ängste zu reduzieren, aber Menschen, die mich gut kennen, sagen oft: „Komm mir bloß nicht wieder mit dieser Geschichte!“ Offensichtlich erzähle auch ich meine kleinen „Erfolgsgeschichten“, um meine Ängste loszuwerden und ein gewisses Maß von Angenommensein zu erreichen.

Je stärker die Angst, desto starrer wird das schablonenhafte Verhalten. Wenn unsere Umgebung Beklommenheit bei uns hervorruft, klammern wir uns häufig an vertraute Denk- und Handlungsmuster.

Das zeigt auch die folgende Geschichte von zwei Männern, die in einem Ruderboot den Atlantik überqueren wollten. Mitten auf dem Ozean verloren sie die Orientierung und schreckliche Angst überfiel sie. Die einzige Möglichkeit, etwas gegen den drohenden Wahnsinn zu setzen, sahen sie in einer „geistigen Spielregel“, einem strengen täglichen Programm. Sie ließen keine einzige Minute ungeplant und legten sogar ihre Gesprächsthemen fest. Eine Stunde war für den Austausch persönlicher Erlebnisse bestimmt, eine andere für eine Unterhaltung über Kunst und wieder eine andere für eine wissenschaftliche Diskussion. Damit schützten sie sich davor, den Verstand zu verlieren, und hielten durch, bis sie von einem vorüberfahrenden Schiff an Bord genommen wurden.

Es ist nicht verwunderlich, dass sich viele Menschen von

Das Gesetz muss immer im Dienst des göttlichen Werkes der Liebe stehen.

Gemeinschaften angezogen fühlen, in denen das Leben in hohem Maße strukturiert und das Denken in bestimmten Bahnen klar festgelegt ist. Ihre tiefsitzenden Ängste lassen sie Freiheit zugunsten von Sicherheit opfern.

Dieses festgefahrene Verhalten spiegelt sich auch in der Gesetzesfrömmigkeit. Das zeigt sich deutlich im Umgang Jesu mit dem Sabbatgebot. Als er den Blindgeborenen an einem Sabbat heilt, rufen die Pharisäer: „Dieser Mann kann nicht von Gott kommen. Er hält ja den Sabbat nicht!" (Johannes 9,16) Und als er ebenfalls an einem Sabbat eine gelähmte Frau heilt, spricht der Synagogenvorsteher zu den Leuten: „Sechs Tage gibt es, an denen man arbeiten soll: An diesen kommt und lasst euch heilen, aber nicht am Sabbat." (Lukas 13,14)

Obwohl Jesus tiefe Ehrfurcht vor der Beobachtung des jüdischen Gesetzes bekundet, greift er den von Angst und Macht bestimmten Legalismus an und macht deutlich, dass das Gesetz immer im Dienst des göttlichen Werkes der Liebe stehen muss.

Es ist leicht, sich über die Pharisäer zu erheben und dafür zu danken, dass wir nicht so sind wie sie. Der Religionswissenschaftler Erwin Ramsdell Goodenough (1893–1965) ist jedoch der Meinung, dass wir uns die meiste Zeit selbst legalistisch verhalten. Wir alle genießen den Frieden und die Sicherheit, die aus der Befolgung eines Verhaltensco-

Ohne irgendeine Form von Ekstase können wir auf Dauer nicht leben.

dex resultieren, und Gesellschaft und Religion setzen alles daran, um diesen Kodex bereitzustellen. Goodenough vergleicht Legalismus mit einer Trennwand, die uns vor

dem Unbekannten schützt und uns zugleich Verhaltensmaßregeln gibt. In Jesus sieht er einen Überwinder des Legalismus, der die gesellschaftlich bestimmte Trennwand an einigen Stellen durchbricht, um neue Einsichten und Urteile zu ermöglichen.

Gewohnheit und Routine haben einen bestimmten Platz in unserem Leben. Sie bieten uns eine gewisse Sicherheit und Bequemlichkeit. Wenn sie uns jedoch zur entscheidenden Richtschnur werden, lassen sie uns erstarren, ja, sogar absterben. Ohne irgendeine Form von Ekstase können wir auf Dauer nicht leben.

Angst führt allerdings nicht nur zur Routine. Sie kann auch das direkte Gegenteil bewirken, nämlich Entwurzelung. Angst kann uns zu Wanderern werden lassen, die ohne Ziel und Richtung umherirren. Unsere Emotionen können dann zu einem reißenden Fluss werden, der das Land verwüstet, anstatt es zu bewässern. Wutausbrüche, Selbstverletzung, wirre Äußerungen, Flucht und Ziellosigkeit – all das können Reaktionen auf eine Angst sein, die so groß geworden ist, dass wir ihr nicht mehr ins Auge blicken können.

In seiner Schilderung der furchtbaren Zeichen, die dem

Kommen des Gottessohnes vorausgehen, warnt Jesus seine Jünger, nicht mit von Ausschweifung, Trunkenheit und irdischen Sorgen beschwerten Herzen panisch und ziellos umherzulaufen. Er ermahnt sie eindringlich, auszuharren und unaufhörlich um die Kraft zu beten, alles Kommende zu überstehen, und fest im Glauben vor dem Menschensohn zu stehen (vgl. Lukas 21,34-36).

In „La Forestière", einem der Häuser der „Arche" in Frankreich, wo schwer behinderte Menschen leben, habe ich erlebt, wie Angst zuweilen ihren Ausdruck in Selbstverletzung findet. Die Betreuer haben alle Hände voll zu tun, um die Frauen und Männer, von denen die meisten nicht sprechen, gehen, allein essen und sich selbst anziehen können, davor zu schützen, sich selbst Schaden zuzufügen. Edith beispielsweise schlägt oft mit dem Kopf gegen harte Gegenstände. Sie trägt fast immer einen Verband, der ihre selbst zugefügten Wunden bedeckt und sie davor bewahrt, sich noch weiter zu verletzen.

Es ist schwer zu ergründen, was in den Herzen dieser Menschen vorgeht, die nur über äußerst begrenzte Möglichkeiten der Kommunikation verfügen. Bereits das bloße Zusammensein mit ihnen lässt mich eine existenzielle Angst vermuten, die jedes noch so mitfühlende Verstehen bei Weitem übersteigt. Die Bedrängnis dieser gebrochenen Menschen vermittelt eine Ahnung von der Todesangst

Jesu im Garten Gethsemane. Ihre Angst deutet auf eine grenzenlose Einsamkeit hin, die niemand durchbrechen kann, eine Ungeborgenheit, die nach mehr verlangt als einem fürsorgenden Freund und einem gastlichen Haus, eine Entwurzelung, in der sich die Abgründe menschlicher Verzweiflung zeigen. Wir können nur eins tun: einfach da sein, ohne irgendeine Veränderung zu erwarten, ausharren in liebevoller Ehrfurcht vor der grenzenlosen menschlichen Angst, die Jesus mit uns zu tragen gekommen ist – bis an das Kreuz und darüber hinaus.

Doch selbst in „La Forestière“ gibt es Freude und Frieden. Auf irgendeine geheimnisvolle Weise bilden die Behinderten und ihre Betreuerinnen und Betreuer eine Gemeinschaft der Liebe, die stärker ist als die Todesängste der Bewohner. Ich erkenne darin einen Ausdruck der Gegenwart Gottes, in der beides, Glück und Traurigkeit, umfangen und überschritten wird. Das hat etwas mit dem Kreuz zu tun, das für diese Menschen ein Zeichen der Hoffnung geworden ist. Trotz allem sind da noch Wurzeln, Wurzeln jenseits aller Entwurzelung.

Entwurzelung kann ebenso wenig zur Freude führen wie von starren Grenzen bestimmtes Verhalten. Ohne einen Ort, an dem wir ein- und ausgehen können, und ohne ein Zuhause, wohin wir gehören, kann jedes Streben zu einer panischen Flucht werden, die ins Nichts führt. Ziellosig-

Verwurzelung gibt uns Zeit, Raum und einen Rahmen für die Suche nach neuen Lebensmöglichkeiten.

keit und das Fehlen von Wurzeln stehen in einem engen Zusammenhang. Menschen, die den Kontakt mit ihrem Wurzelgrund verloren haben, sind auch in Gefahr, ihren Orientierungssinn zu verlieren. Das ist leicht einzusehen, denn Verwurzelung gibt uns Zeit, Raum und einen Rahmen für die Suche nach neuen Lebensmöglichkeiten. Man kann schwerlich seinen eigenen Platz in dieser Welt suchen, wenn man sich kaum oder gar nicht erinnern kann, sich überhaupt jemals zu Hause gefühlt zu haben. Viele junge Frauen und Männer, die jegliche Motivation verloren haben, ihren Geist und ihr Herz zu entwickeln, besitzen nur einen geringen Sinn für ein Zuhause. Wenn die Welt ein Ort voller Ängste ist, an dem man zum Überleben alle emotionale Energie benötigt, bleibt wenig Spielraum, um das Leben zu ändern.

Nachdem ich einige Monate in Peru gelebt hatte, bekam ich einen Blick für die Freudlosigkeit vieler meiner nordamerikanischen Freunde. Obwohl sie keinerlei Mangel an Nahrung, Kleidung, Wohnung und medizinischer Versorgung litten und obwohl sie mehr Bildungsmöglichkeiten besaßen, als die meisten Peruaner jemals haben werden, bewegten sich diese jungen Menschen, als läge die Last der ganzen Welt auf ihre Schultern. Sie schienen ausschließlich auf Probleme fixiert, als seien sie für alles verantwortlich, woran unsere Welt leidet. Ihre Worte klangen

Freude bricht aus einer göttlichen Quelle in unser Leben ein.

bedrückt, ihre Gedanken waren düster, ihre Gefühle melancholisch, ihre Lebenssicht pessimistisch und ihr Selbstbewusstsein äußerst schwach. Nur wenige fühlten sich zu Hause in ihrer eigenen Welt. Oft litten sie unter angespannten Familienverhältnissen, hatten große Schwierigkeit, enge Beziehungen einzugehen, und standen Autoritäten feindselig gegenüber. Häufig fühlten sie sich in ihrem eigenen Haus nicht wohl. Sie waren in vielerlei Hinsicht entfremdet – fremd gegenüber ihrer Vergangenheit, ihrer Gegenwart und ihrer Zukunft. Es fehlte ihnen ein Zuhause, von wo sie kamen und wohin sie gingen; es fehlte ihnen wirkliche Bewegungsfreiheit, wirkliches Leben und wirkliche Freude. Als ich diese tiefe Unzufriedenheit bei meinen ehrgeizigen, erfolgreichen Freunden wahrnahm, war ich über die ungeheure geistige Krise unserer „Ersten Welt" noch tiefer erschüttert.

Ekstase und Liebe

Ekstatische Freude ist kein geglücktes Mittelding zwischen Routine und Entwurzelung. Freude bricht vielmehr aus einer göttlichen Quelle in unser Leben ein. Im von starrer Gewohnheit und Entwurzelung bestimmten Haus der Angst gibt es keine wahre Freude. Die Versuche, Freude zu „produzieren“, sind zahlreich: Happy Hours, Discobesuche, Partys. Doch erlauben uns solche „Produktionen“ nicht bloß, für ein paar Stunden die Vergangenheit zu vergessen und die Zukunft zu verdrängen, während wir am Fundament unseres von Traurigkeit beschwerten Daseins doch nichts ändern? Wie viel Geld und Kraft wenden wir für Fröhlichkeit und Entspannung auf und doch bleibt die Freude künstlich. Diese Art von Glück ist nach dem gleichen Muster ausgedacht wie das besondere Mahl, das man einem Todeskandidaten vor der Hinrichtung gewährt. Es schmeckt gut, hält ihn aber nicht am Leben.

Viele Menschen glauben kaum noch an ein Leben in echter Freude. Sie haben mehr oder weniger akzeptiert, dass ihr Leben einem Gefängnis gleicht, und sind dankbar für jede Illusion des Gegenteils: eine Kreuzfahrt, ein spannender Roman, eine sexuelle Erfahrung oder ein paar Stunden in einem besonderen Bewusstseinszustand. So sieht das Glück im Haus der Angst aus. Es stammt „aus dieser Welt“ und deshalb ist es weder von Dauer noch verschafft es wirkliche Befriedigung.

Weihnachten ist in unserer säkularisierten westlichen Gesellschaft ein kurzer Moment dieses trügerischen Glücks, eine kleine Unterbrechung in unserem angsterfüllten Leben. Für viele ist Weihnachten nicht mehr der Tag, an dem wir das Geheimnis der Geburt Gottes feiern, der die

Verletzlichkeit des Menschseins angenommen hat. Weihnachten ist nicht länger der Tag des Kindes, den wir im Gebet und in der Bereitschaft zur Umkehr erwarten, den wir mit wacher Aufmerksamkeit begehen und den wir in feierlicher Liturgie, mit fröhlichen Liedern und einem friedlichen Familienessen feiern. Stattdessen ist Weihnachten Anlass zu üppigen Firmenpräsenten an gute Geschäftspartner und einer Flut von Grußkarten. Für kulinarischen Luxus werden Unsummen ausgegeben und gesellschaftliche Verpflichtungen bestimmen den Tag. Die Dekoration von Straßen und Geschäften und die Berieselung mit Weihnachtsliedern sollen den Konsum anregen. Oberflächliches Vergnügen und hektische Geschäftigkeit nehmen den Raum ein, der eigentlich dazu bestimmt ist, die tiefe und dauerhafte Freude des Emmanuel, des „Gott-mit-uns“, zu erfahren.

Jesus verheißt seinen Jüngern seine eigene Freude. Sie entspringt seiner innigen Gemeinschaft mit dem Einen, der ihn gesandt hat. Diese Freude trennt nicht glückliche von traurigen Tagen, erfolgreiche Augenblicke von solchen des Scheiterns, Anerkennung von Missachtung, Passion von Auferstehung. Diese Freude ist ein göttliches Geschenk, sie geht uns auch in Zeiten der Krankheit, der Armut, der Unterdrückung oder Verfolgung nicht verloren. Selbst in einer Welt von Hohn und Spott, Folter, Raub,

Das Fest ist der konkrete Weg,
Gottes ekstatische Freude
sichtbar werden zu lassen.

Verstümmelung, Kampf und Mord ist sie noch präsent. Diese Freude ist wahrhaft ekstatisch, sie entreißt uns immer wieder dem Haus der Angst und führt uns in das Haus der Liebe. Sie lässt nicht nach zu verkündigen, dass der Tod nicht mehr das letzte Wort hat, selbst wenn er seine schrille Stimme erhebt und das Land mit Verheerung überzieht. Die Freude Jesu erhebt das Leben zu einem Fest.

„Fest" ist der zutreffende Begriff. Die göttliche ekstatische Freude im Haus der Liebe wird offenbar im Fest. Das Leben der Jünger Jesu wie auch das Leben seiner neuen Gemeinde ist bestimmt vom Fest. Die Jünger lassen das alte Leben hinter sich und machen sich auf die Suche nach einem neuen. Die Gemeinde ist *ec-clesia,* ein Volk, das „herausgerufen" ist aus dem Land der Knechtschaft und dem das Land der Freiheit verheißen ist. Für jeden einzelnen Jünger wie für die ganze Gemeinschaft bedeutet Nachfolge ein Fest, die fortwährende, unaufhörliche rühmende Erhöhung der Liebe Gottes, die sich als siegreich erwiesen hat. Das Fest ist der konkrete Weg, Gottes ekstatische Freude unter uns sichtbar werden zu lassen.

Der Begriff „Fest" ist ein Schlüsselbegriff christlichen Lebens. Dieses Fest ist nicht irgendeine Feier zu einer besonderen Gelegenheit, sondern die ständige Gewissheit, dass jeder Augenblick besonders ist und als ein Segen des

Weil die ekstatische Freude das gesamte Leben feiert, macht sie auch vor den Stunden des Versagens, des Abschieds und des Todes nicht Halt.

Himmels unseren Dank verdient. Sichtbar wird die Besonderheit jedes Augenblicks an Weihnachten, Ostern, Pfingsten, den vielen Festtagen der Heiligen, in zahllosen Geburtstagen, Jahrestagen, Gedenktagen, den Tagen des Willkommens und des Abschieds, an Tagen, an denen wir Gäste empfangen und Freunde besuchen, ein Unternehmen beginnen oder beenden, an Tagen der Aussaat und der Ernte und im Anfang und Ende der verschiedenen Jahreszeiten.

Doch zur vollen Bedeutung von „Fest" gehört noch mehr als all diese besonderen Zeiten. In diesem wahren Fest werden nicht nur die glücklichen Zeiten begangen, sondern auch die traurigen. Weil die ekstatische Freude das gesamte Leben feiert, macht sie auch vor den schmerzlichen Stunden des Versagens, des Abschieds und des Todes nicht Halt. Im Haus der Liebe wird selbst der Tod gefeiert, nicht weil er begehrenswert oder anziehend wäre, sondern weil auch im Angesicht des Todes das Leben als siegreich zu preisen ist.

Unter wie viel Leid, Einsamkeit, Zorn, Frustration, tiefer Verängstigung und herzzerreißender Ohnmacht leiden die Behinderten hier in der „Arche". Zu groß ist dieses Leid, als dass es sich hinter Höflichkeit und Konvention verbergen ließe. Wir müssen das Elend offen ansehen. Und gerade in diesen ungeschönten Verhältnissen offenbart sich die Kraft des Fests. In der „Arche“ scheinen die Menschen zu sagen: „Ja, das Leben ist schwer, sehr schwer, tagein tagaus, voller Schmerz, Enttäuschung und Kummer; aber kein einziger Tag soll ohne Lob und Dank gegen den Spender allen Lebens bleiben. Keine Stunde, in der das Licht nicht in der Finsternis leuchtet, kein Sterben, das nicht Frucht bringen könnte.“

Jeden Abend, wenn die Hausgemeinschaft der „Arche“ sich um eine Kerze und eine Jesus- oder Marienikone versammelt, wird gesungen, aus der Heiligen Schrift vorgelesen und gebetet. Häufig bestimmt tiefe Traurigkeit diese Stunde: die Traurigkeit von Maurice, der vergeblich auf den erhofften Besuch gewartet hat, der Kummer von Marie, deren Mutter noch krank ist, die Qual von Pierre, der sich weigert, sein Zimmer zu verlassen. Doch auch Freude hat hier ihren Platz: die Freude über das gute Essen, die neuen Betreuer, das neue Bild, den freundlichen Besuch, die frischen Blumen. Diese abendlichen Gebete des Dankes, der Bitte und des Lobes reichen weit über das Aussprechen von Fröhlichkeit und Trauer hinaus zu jener unaussprechlichen Freude, die die Welt weder geben noch nehmen kann.

Auf den Tischen stehen immer Blumen und oft auch Kerzen oder mit Namen gekennzeichnete Servietten. Zuerst sah ich darin einen Versuch, die öde Eintönigkeit aufzulockern. Doch bald begriff ich, dass hier, wo Menschen so offensichtlich krank und heilungsbedürftig sind, kein Tag ohne den Schimmer einer neuen Hoffnung vergeht, ohne den Klang einer Stimme, die von Liebe spricht, ohne das Gefühl, dass irgendwo bei uns ein Platz ist, an dem man sich vertrauensvoll bergen kann. Brad hat Geburtstag oder es ist der Festtag des heiligen Franziskus, Alain geht fort oder Emile kommt zurück, die Adventszeit beginnt oder die Fastenzeit ist zu Ende, Sylvia hat ihre Mutter verloren oder Gerard ein Schwesterchen bekommen; ja, der Herr stirbt am Kreuz oder er ersteht von den Toten auf – alles wird gefeiert in einem unaufhörlichen Lobgesang der Freude, einer Freude über das Leben, das weder von Krankheit noch vom Tod zerstört werden kann.

Das Fest ist nicht bloß eine Möglichkeit für Menschen, sich für eine Weile wohlzufühlen. Es ist die Lebensform, in der der Glaube an den Gott des Lebens sich durch Lachen und Weinen hindurch ganz verwirklicht. Das Fest reicht über Ritual, Brauchtum und Tradition hinaus. Es ist die unaufhörliche Bestätigung, dass unterhalb aller Hochs und Tiefs des täglichen Lebens ein nie versiegender Strom der Freude fließt. Die behinderten Frauen und Männer der „Arche" sind meine Lehrmeister im wichtigsten aller Lernprozesse: in dem über das Leben im Hause Gottes. Ihre Freude führt mich über die furchtbare Stätte des Todes

Freude bereitet den fruchtbaren Ackerboden, aus dem stets neues Leben hervorsprießen kann.

hinweg und öffnet mir die Augen für die ekstatische Kraft alles Lebens. Freude bereitet den fruchtbaren Ackerboden, aus dem stets neues Leben hervorsprießen kann. Diese Freude lässt sich nicht auf ein einziges Gefühl oder eine bestimmte Emotion beschränken und nicht in einem feststehenden Ritual oder einem Brauch ausdrücken. Sie ist immer weitaus mehr, als wir erwarten, ist immer überraschend und darum stets ein Zeichen dafür, dass wir uns in der Gegenwart des Herrn über alles Leben befinden.

Die Versuchung liegt nahe, diese Wahrheit als Wunschdenken und Glücksträume abzutun. Wer aber die Freude gekostet hat, von der ich spreche, weiß, wie konkret sie ist. Und wer Menschen begegnet ist, die von dieser Freude wirklich erfüllt sind, zweifelt nicht an ihrer Wirklichkeit.

Glückliche Menschen müssen keine Scherze machen, lachen oder auch nur lächeln. Sie sind keine Menschen mit einer optimistischen Lebensanschauung, die den Ernst des Daseins auf bestimmte Zeitpunkte oder Ereignisse begrenzen und dadurch relativieren wollen. Nein, Menschen, die von wahrer Freude erfüllt sind, betrachten die harte Wirklichkeit der menschlichen Existenz mit wachen Augen und sind dennoch nicht in ihr gefangen. Sie machen sich keine Illusionen über die Mächte des Bösen, die umherstreifen und „suchen, wen sie verschlingen können" (1. Petrus 5,8), doch sie wissen, dass der Tod nicht die

Wahre Freude ist ein Geschenk an die gesamte Gemeinschaft.

letzte Macht hat. Sie leiden mit den Leidenden, bleiben aber nicht beim Leiden stehen, sondern weisen darüber hinaus auf einen immerwährenden Frieden. Wenige Menschen haben Freude so überzeugend verkörpert wie die holländische Jüdin Etty Hillesum, die während der Nazi-Besetzung in Amsterdam lebte und 1942 nach Auschwitz deportiert wurde. Während der mörderischen Pogrome in Holland schreibt sie:

„Ich glaube das Elend und die Bedrängnisse, die ein Mensch erleiden kann, zu kennen und daran teilzuhaben, aber ich halte nicht daran fest, ich ziehe solche Augenblicke der Todesangst nicht in die Länge. Sie gehen durch mich hindurch wie das Leben selbst, wie ein breiter, ewiger Strom, sie werden Teil dieses Stromes und das Leben geht weiter. Und daraus ergibt sich, dass meine ganze Kraft erhalten bleibt, dass sie nicht verzehrt wird durch nutzlose Quälerei oder Auflehnung."*

Wahre Freude ist nicht bloß eine Eigenschaft, die von einzelnen Menschen ausstrahlt. Sie ist ebenso sehr, wenn nicht noch mehr, ein Geschenk an die gesamte Gemeinschaft der Glaubenden. „Wo zwei oder drei in meinem Namen versammelt sind, da bin ich mitten unter ihnen"

* Das denkende Herz. Die Tagebücher von Etty Hillesum 1941–1943. Herausgegeben und eingeleitet von J. G. Gaarlandt, Reinbek 2007, © Verlag Kerle in der Verlag Herder GmbH, Freiburg i.Br.

(Matthäus 18,20). Diese Worte offenbaren die ekstatische Freude im Haus der Liebe als die freudvolle Gegenwart Christi, die immer dann hervorbricht, wenn wir in und durch Christus in Gemeinschaft miteinander treten.
Während der letzten zehn Jahre habe ich erfahren, wie die Eucharistie tiefe, dauernde Gemeinschaft unter Menschen stiften kann. Viele Jahre hielt ich die Eucharistie vor allem für den feierlichen Ausdruck einer schon bestehenden Gemeinschaft. Das ist zwar richtig, aber meine neuere Erfahrung hat mir gezeigt, dass die Eucharistie ebenso sehr Gemeinschaft gründet, wie sie ihr Ausdruck gibt.
An zwei Universitäten begann ich die Eucharistie zu feiern, zunächst mit einem oder zwei Studenten. Mit der Zeit kamen mehr Studierende hinzu, Menschen, die sich nicht kannten und in religiösen Fragen höchst unterschiedliche Meinungen und Ansichten vertraten, Menschen, die sich in Alter, Nationalität und Lebensstil stark voneinander unterschieden. Die meisten hätten niemals nähere Bekanntschaft oder gar Freundschaft geschlossen. Aber sie alle fühlten sich, aus oft ganz verschiedenen Gründen, zur täglichen Eucharistiefeier hingezogen, in der das Wort Gottes verkündet und der Leib und das Blut Christi miteinander geteilt werden. Mit der Zeit fanden diese unterschiedlichen Menschen sich durch Wort und Sakrament in eine tiefe Gemeinschaft eingebunden. Sie entdeckten eine Zu-

sammengehörigkeit, die nicht auf körperlicher oder emotionaler Anziehungskraft, gleicher gesellschaftlicher Stellung oder gemeinsamen Interessen beruhte, sondern allein in der Gegenwart des lebendigen Christus in ihrer Mitte gründete. Das gemeinsame Sündenbekenntnis, der Empfang der Gnade Gottes, das Hören auf das Wort der Heiligen Schrift, die Teilhabe am Mahl von Brot und Wein hatten sie zu einer neuen Gemeinschaft der Liebe zusammengeschlossen.

Sie alle fanden mit der Zeit gegenseitige Hilfe in ihrem täglichen Mühen, viele wurden gute Freunde und einige haben sogar ihre Lebenspartner gefunden. So hat die spirituelle Gemeinschaft besondere Früchte getragen. Ich sehe darin die greifbare Erfüllung der Verheißung Jesu: „Wenn ich von der Erde erhöht bin, werde ich alle zu mir ziehen" (Johannes 12,32).

Die Gemeinschaft ist der Ort, an dem Gott unser Leben mit seiner Freude erfüllt. Jesus hat jedes seiner Worte gesprochen, um seine eigene Freude mit uns zu teilen und auf diese Weise unsere Freude vollkommen zu machen (vgl. Johannes 15,11). Diese vollkommene Freude ist immer „die unsere", das heißt, sie ist Teil des gemeinsamen Lebens. Ekstase ist immer eine Bewegung hin zu einem Leben miteinander. Statisches Leben trennt uns voneinander und lässt uns zu isolierten Einzelwesen werden, die

Ekstase ist eine Bewegung hin zu einem Leben miteinander.

um ihr individuelles Überleben kämpfen. Ekstatisches Leben hingegen führt uns dorthin, wo wir das Leben „mitten unter uns" finden. Es lässt uns die Mauern unserer Vereinsamung durchbrechen und zum Volk Gottes werden, das die Freude des bereits angebrochenen ewigen Lebens verkündet. Ekstatisches Leben ist das erste Merkmal jener Königsherrschaft, die zu verheißen Jesus gekommen ist.

Es gibt aber noch mehr über Ekstase zu sagen. Ekstase hat ebenso wie Intimität und Fruchtbarkeit eine globale Dimension. Diesen Aspekt des ekstatischen Lebens erläutere ich im Folgenden.

Ekstase und eine neue internationale Ordnung

Zur selben Zeit, als ich Jean Vanier und seine Gemeinschaften für Behinderte kennenlernte, wurde mir mehr und mehr auch das globale Ausmaß menschlichen Leidens bewusst. Ich war Zeuge der unmenschlichen Armut in Bolivien und Peru, des zermürbenden Kampfes um die Bewahrung der mühsam errungenen Unabhängigkeit in Nicaragua, des Genozids in Guatemala. Ich war mit den dämonischen Mächten konfrontiert, die nicht nur die Beziehungen zwischen einzelnen Menschen, sondern auch zwischen ganzen Völkern vergiften.

Die zunehmende Kluft zwischen Arm und Reich macht es uns immer schwerer, uns als Geschwister und als Kinder eines liebenden Gottes zu erkennen.

Sehr schnell wurde mir klar: Wenn der Begriff Ekstase nur auf Einzelne und kleine Gemeinschaften hilfreich anwendbar ist, kann er keine Grundlage einer wirklich zeitgemäßen Spiritualität sein. Ein ekstatisches Leben, das die negativen Mächte und Prinzipien außer Acht lässt, die internationale Beziehungen zerstören, wird zwangsläufig zu einem Leben der Verdrängung und der Illusion. Die Mächte des Bösen, die ganze Völker und Nationen befallen, sind häufig komplex, kaum zu durchschauen und deshalb nicht zu greifen. Als Christen sind wir aufgerufen, sie im Namen des Gottes der Liebe zu enttarnen und zu überwinden. Aus diesem Grund müssen wir ständig nach einer globalen christlichen Spiritualität suchen, die nicht davor zurückschreckt, die finsteren Mächte, die am Werk sind, ins Bewusstsein aller Völker zu rücken.

Diese Mächte des Bösen liegen offen zutage. Während in New York, Chicago, Paris, London, Amsterdam und in anderen Großstädten der Industrienationen monströse Bürotürme errichtet werden, haben immer mehr Menschen kein Dach über dem Kopf oder nicht einmal eine Matratze zum Schlafen. Während gigantische Lebensmittelmengen vernichtet werden, um Preise stabil zu halten, sterben jährlich Millionen Menschen an Hunger. Während Milliarden für die Rüstung zur nationalen Verteidigung ausgegeben werden, besteht ein akuter Mangel an Mitteln für die

Bedürfnisse von Obdachlosen, Flüchtlingen, Analphabeten, Hungernden, Alten, Ungeborenen, Behinderten, chronisch Kranken, Gefangenen und zahlloser anderer Menschen, die unter innerer Leere oder Überforderung leiden.
Mit der Zunahme der Kluft zwischen Ohnmächtigen und Mächtigen, Armen und Reichen, Kranken und Gesunden wird es für uns auch immer schwerer, uns als Geschwister und als Kinder eines liebenden Gottes zu erkennen, der uns alle einlädt, im Haus der Liebe zu wohnen.

In Terrorregimen und von Bürgerkrieg heimgesuchten Staaten werden Menschen Tag und Nacht mit unvorstellbar raffinierten Methoden gefoltert. Die Folter und die Ermordung Tausender sind der systematische Versuch, die nach Gerechtigkeit und Frieden schreienden Stimmen zum Schweigen zu bringen.

Ursache für all diese Grausamkeiten sind nicht einfach die verbrecherischen Neigungen einiger Machtbesessener. Nein, die Folterer sind selbst Opfer des Netzwerks aus Brutalität und nicht imstande, die Zusammenhänge zu durchschauen.

Bezeichnend ist in diesem Zusammenhang die Geschichte eines jungen Indianers in Guatemala, der aus seiner Familie herausgerissen und gezwungen wurde, Soldat der guatemaltekischen Armee zu werden. Er wurde aller menschlichen Würde beraubt, indem man ihn zwang,

Stammesgenossen zu foltern und zu ermorden. Sollte er sich weigern, drohten ihm selbst Folter und der Tod. Furcht ließ ihn zum Folterer und Mörder werden. Als man

ihm gestattete, seine Familie zu besuchen, verwehrte sein Vater ihm den Zutritt zu seinem Elternhaus mit den Worten: „Du kannst deine Mutter begrüßen, dann aber musst du gehen, denn du bringst den Tod mit dir." Von seinen eigenen Leuten wurde er abgewiesen. In ihren Augen war er vom Dämon des Todes besessen.

Als der Satan Jesus „die Reiche der Welt und all ihre Herrlichkeit" zeigt und sagt: „Dies alles will ich dir geben, wenn du niederfällst und mich anbetest" (Matthäus 4,9), lässt Jesus sich zwar nicht verführen, aber Satans Macht über die Welt leugnet er durchaus nicht. Der Apostel Paulus spricht davon, dass wir nicht „gegen Menschen aus Fleisch und Blut kämpfen, sondern gegen die Fürsten und Gewalten, gegen die Beherrscher dieser finsteren Welt, gegen die bösen Geister des himmlischen Bereichs" (Epheser 6,12). Die dämonische Macht des Todes hält die Welt in ihren Klauen. Der „Fürst dieser Welt" (Johannes 12,31) ist am Werk.

Hier zeigt sich die globale Dimension der Ekstase. Ekstatisches Leben schließt die ständige Bereitschaft ein, den sicheren, behüteten, vertrauten Lebensraum zu verlassen und sich anderen zuzuwenden, selbst wenn das bedeutet,

Freiheit ist das eigentliche Ziel des Menschen.

die eigene Sicherheit aufs Spiel zu setzen. Auf internationaler Ebene erfordert das eine Außenpolitik, die weit über die Frage hinausgeht: „Wie kann unsere Nation überleben?" Eine von ekstatischem Leben bestimmte Politik müsste sich vornehmlich dem Überleben der Menschheit widmen und zu nationalen Opfern bereit sein. Sie müsste zur Kenntnis nehmen, dass die Vergötzung nationaler Sicherheit die gesamte Menschheit an den Rand der Katastrophe bringt. Einer solchen Politik müsste das Menschsein wichtiger sein als die Zugehörigkeit zu einer Nationalität. Kurz, es müsste sich um eine Politik handeln, die sich dafür einsetzt, den Völkern ihre Furcht voreinander zu nehmen und gangbare Wege zu finden, unser gemeinsames Menschsein zu würdigen.

Ekstase strebt beständig nach neuer Freiheit. Solange nationale Sicherheit unser Hauptanliegen ist und nationales Überleben wichtiger als die Bewahrung des Lebens auf diesem Planeten bleibt, leben wir weiterhin im Haus der Angst. Letztlich müssen wir zwischen persönlicher, sozialer und nationaler Sicherheit und Freiheit wählen.

Freiheit ist das eigentliche Ziel des Menschen. Nur Leben in Freiheit ist echt und aufrichtig. Übersteigertes Sicherheitsbedürfnis führt zu Erstarrung, Verkrampfung und häufig zum Tod. Je mehr die Fixierung auf Sicherheit von uns Besitz ergreift, desto deutlicher tritt die Macht des

Die Vergötzung nationaler Sicherheit bringt die gesamte Menschheit an den Rand der Katastrophe.

Todes zutage, sei es in Form der Pistole auf dem Nachttisch, dem Gewehr im Haus oder dem Trident-Unterseeboot im Hafen.

108 Die folgende Parabel soll die verheerenden Auswirkungen einer übersteigerten Sorge um Sicherheit anschaulich machen:

Es war einmal ein Volk. Das verschaffte sich einen Überblick über die Ressourcen der Erde und überlegte: „Wie können wir sicher sein, dass wir in Notzeiten genug haben? Wir wollen unter allen Umständen überleben. Wir wollen Nahrungsmittel, Rohstoffe und Wissen speichern, damit wir im Fall einer Krise gerüstet und sicher sind."

Sie begannen also zu horten, und zwar so viel und so voller Gier, dass andere Völker protestierten: „Ihr habt viel mehr, als ihr braucht, während uns nicht einmal genug zum Leben bleibt. Lasst uns an eurem Wohlstand teilhaben!" Doch das von Angst und Raffgier besessene Volk entgegnete: „Niemals! Wir brauchen alles für Notzeiten, wenn die Verhältnisse sich auch für uns ungünstig entwickeln sollten und unser Leben in Gefahr gerät."

Die anderen bettelten: „Wir sterben *jetzt,* gebt uns bitte Nahrungsmittel und Rohstoffe und Wissen, damit wir überleben können. Wir können nicht länger warten. Wir sind jetzt in Not!"

Da bekamen die Raffgierigen noch größere Angst und fürchteten, die Armen und Hungernden könnten sie angreifen. Sie sagten zueinander: „Wir wollen Mauern um unseren Reichtum errichten, damit ihn uns kein Fremder wegnehmen kann." Und sie begannen so hohe Mauern zu bauen, dass sie nicht einmal mehr sehen konnten, ob davor ein Feind stand oder nicht! Doch ihre Angst nahm weiter zu und so redeten sie sich gegenseitig ein: „Unsere Feinde sind so zahlreich geworden, dass sie womöglich imstande sind, unsere Mauern niederzureißen. Unsere Bollwerke sind nicht massiv genug, um sie abzuwehren. Wir müssen unsere Mauern mit Bomben schützen, damit niemand wagt, uns zu nahe zu kommen." Doch anstatt sich hinter ihren waffenbewehrten Schutzwällen geschützt und sicher zu fühlen, fanden sie sich in einem Gefängnis eingesperrt, das sie selbst aus lauter Angst errichtet hatten. Schließlich fürchteten sie sich sogar vor ihren eigenen Bomben und fragten sich, ob sie sich selbst möglicherweise mehr schaden könnten als ihren Gegnern. Ihre Angst vor dem Tod, das begriffen sie allmählich, hatte sie dem Tod nur noch näher gebracht.

Unsere Mordinstrumente sind an Zahl, Komplexität und Reichweite geradezu eskaliert und ermöglichen uns, die Menschheit in kürzester Zeit vollkommen auszulöschen.

Dennoch versteifen wir uns weiterhin darauf, Grenzen, Nationalstolz und nationale Ehre zu verteidigen. Wir übersehen, dass die Methoden, die wir zur Verteidigung gewählt haben, uns selbst ebenso in Gefahr bringen wie unsere Gegner. Nie zuvor haben Nationen so große Mittel aufgewendet, um sich vor ihren nahen und fernen Nachbarn zu schützen, und nie zuvor sind wir der Vernichtung der Menschheit so nahe gekommen.

Es besteht ein übergroßes Bedürfnis nach einer Spiritualität, die sich gegen diese Art von Götzendienst wendet und den Weg zu neuer Ekstase öffnet. Wir müssen eine Möglichkeit finden, unsere Fixierung auf nationale Sicherheit zu überwinden, um weiterzukommen und Leben für alle Menschen zu ermöglichen, gleich welcher Nation, Rasse oder Religion.

Wir müssen eine globale Spiritualität entwickeln, in der die Forderungen des Evangeliums nicht nur das Verhalten des Einzelnen, sondern ebenso das der Völker bestimmen. Viele Menschen halten das für naiv. Sie lassen die Botschaft Jesu zwar für ihr persönliches und privates Leben gelten, halten seine Anwendbarkeit in internationalen Spannungen allerdings für unrealistisch und utopisch. Jesus hat die Apostel jedoch nicht ausgesandt, einzelne Menschen zu seinen Jüngern berufen, sondern sie sind zu allen Völkern gesandt und sollen alle Völker lehren, seine

Die Kraft des erneuernden Wortes Gottes darf nicht in gesicherten Grenzen eingeschlossen werden.

Gebote zu halten (vgl. Matthäus 28,19-20). Am Jüngsten Tag wird Jesus diese Völker vor seinen Thron rufen und die entscheidende Frage stellen: „Was habt ihr für meine geringsten Brüder und Schwestern getan?" (vgl. Matthäus 25,31-46) Jüngerschaft bedeutet weit mehr als persönliche Frömmigkeit und die Treue zur Gemeinde. Die ganze Erde muss bekehrt werden! Ganze Völker, nicht nur einzelne Menschen sind aufgerufen, das Haus der Angst zu verlassen, in dem Misstrauen, Hass und Krieg herrschen, und in das Haus der Liebe einzuziehen, in dem Versöhnung, Heil und Frieden regieren.

Alle großen spirituellen Lehrer, angefangen von Benedikt von Nursia (um 480–547) über Katharina von Siena (1347–1380) bis hin zu Martin Luther King jr. (1929–1968) und Thomas Merton (1915–1968), haben diese Wahrheit begriffen: Die Kraft des erneuernden Wortes Gottes darf nicht in den gesicherten Grenzen des persönlichen oder zwischenmenschlichen Bereichs eingeschlossen werden. Alle großen spirituellen Lehrer rufen nach einem neuen Jerusalem, einer neuen Erde, einer neuen Gemeinschaft aller Menschen auf der Welt.

Der Umzug aus dem Haus der Angst in das Haus der Liebe ist unausweichlich geworden, wenn die Menschheit überleben will. Solange wir weiterhin unsere zahlreichen Ängste – die Angst vor den Russen, vor Kommunismus und

Rivalitäten zwischen Ländern und Machtblöcken sind ebenso überholt wie die mittelalterlichen Streitigkeiten zwischen Städten.

Atheismus, die Befürchtung, nicht mehr die stärkste und reichste Nation der Erde zu sein, und all die vielen kleinen Sorgen – als Alibi nehmen, um den ungeheuren Aufwand an Zeit, Geld und Energie für die Produktion noch mehr und noch tödlicherer Waffen zu rechtfertigen, hat unser Planet nur geringe Aussicht, sich in die nächsten Jahrzehnte hinüberzuretten. Wir *müssen* von Todesverliebtheit und Morddrohungen ablassen und als Völker insgesamt nach Wegen der internationalen Versöhnung und Zusammenarbeit suchen. Wir brauchen Friedensakademien, Friedensministerien und Kräfte, die den Frieden zuverlässig sichern. Wir müssen eine Erziehungsreform in Angriff nehmen, eine Kirchenreform und auch eine Reform der Unterhaltung, die Frieden zu ihrem Hauptanliegen macht. Wir brauchen eine neue Wirtschaftsordnung jenseits von Sozialismus oder Kapitalismus, die sich Gerechtigkeit für alle zum Ziel setzt. Vor allem aber müssen wir als Völker daran glauben, dass eine neue internationale Lebensordnung möglich ist und dass Rivalitäten zwischen Ländern und Machtblöcken ebenso überholt sind wie die mittelalterlichen Streitigkeiten zwischen Städten.

Das ist es, was „globale Ekstase“ im Grunde bedeutet. Globale Ekstase ist der Übergang von Angst zur Liebe, vom Tod zum Leben, von Absterben zu Neugeburt, von rivalisierenden Lebensformen zu einem Leben von Menschen, die alle einer einzigen solidarischen Gemeinschaft angehören.

Solche Worte gehören zu einem großen Traum. Sie gleichen der Komposition einer neuen Symphonie, die – einmal geschaffen – vollkommen vertraut klingt. Die fünfte Symphonie von Ludwig van Beethoven hört sich so an, als hätte es sie schon immer gegeben. Sie ist uns so vertraut, dass wir uns kaum vorstellen können, dass es einmal eine Zeit ohne sie gegeben hat und dass jeder Takt, jeder Satz Note für Note von einem Menschen ersonnen werden musste. Sie stand nicht in den Sternen geschrieben, sie musste von einem Menschen geschaffen werden. Ebenso müssen für die Völker der Welt neue Wege gefunden werden, auf denen sie gemeinsam ihre Einheit feiern und den Schöpfer in ekstatischer Freude preisen können.

Die meisten Menschen bezweifeln, dass ein solcher Frieden möglich ist. Sie sind in alten Denkmustern gefangen und ziehen die vermeintliche Sicherheit durch Rüstung der Unsicherheit vor, die das Wagnis des Friedens mit sich bringt. Die wenigen aber, die das neue Lied des Friedens anzustimmen wagen, sind Heilige wie Franz von Assisi für unsere Zeit. Sie vermitteln die Ahnung einer neuen Lebensordnung, die aus den Ruinen der alten hervorgeht. Die Welt wartet auf neue Heilige, ekstatische Frauen und Männer, die so fest in der Liebe Gottes verwurzelt sind, dass sie die Freiheit besitzen, ein neues Lebensgesetz der Völker ins Auge zu fassen, unter dem Gerechtigkeit herrscht und Krieg nicht mehr der nächstliegende Weg

ist, Konflikte zwischen Nationen zu lösen.

Hier und da ist bereits ein Schimmer dieser Vision zu sehen. Als Jean Vanier vor 20 Jahren zwei Behinderte in sein Haus aufnahm, sahen das viele als Zeitverschwendung und Vergeudung seines Talents an. Für ihn jedoch war es der konkrete Weg von der Angst zur Liebe. Er war überzeugt, dass er Jesus nachfolgte, indem er die Gebrochenen zu seiner Familie wählte. Unpraktikabel, sentimental, naiv? Wäre es nicht besser für ihn gewesen, seine Kraft und seine Begabung den brennenden Problemen unserer Zeit zu widmen? Er tat einfach, wozu er sich berufen fühlte. Heute, 20 Jahre später, arbeiten junge Männer und Frauen aus aller Welt in zahlreichen Heimen zusammen und betreuen Behinderte. Gewiss ist die „Arche" weder eine neue Lebensform der Völker noch bedeutet sie eine neue Außenpolitik oder gar das Ende von Krieg und Gewalt. Doch sie ist ein Licht, „das man auf einen Leuchter stellt, damit es allen leuchte, die im Hause sind" (Matthäus 5,16). Jean Vanier will das Licht der „Arche" nicht unter einen Scheffel stellen. Sein Ziel beschreibt er so:

„Es geht uns nicht um nette, kleine, von der Welt draußen abgeschnittene, gemütliche Gemeinschaften. Die ‚Arche'

Fürsorge für die Armen und Unterdrückten kann ein neues Bewusstsein wecken, das die Grenzen von Geschlecht, Religion, Rasse und Nationalität überschreitet.

ist Teil des Kampfs für Gerechtigkeit. Sie erklärt sich solidarisch mit den Armen und Unterdrückten auf der ganzen Welt. Sie ringt um Frieden. Ihre Art und Weise, wie sie das tut, unterscheidet sich jedoch von den großen politischen und sozialen Maßnahmen.

Unser Kampf ist seinem Wesen nach ein Kampf für das Leben. Es ist unser Anliegen zu betonen, dass das Leben jedes einzelnen Menschen wertvoll ist, vor allem wenn dieser Mensch sehr arm und in seinen Möglichkeiten stark eingeschränkt ist. Dieser Überzeugung verleihen wir nicht durch große Reden und augenfällige Aktionen Ausdruck. Wir können nicht an den großen politischen Auseinandersetzungen mitwirken oder unsere Energie in weltweiten Aktivitäten einsetzen, denn Innocente in Bouake, Vincent in Quebec, Françoise in Haiti und viele, viele andere erfordern unsere ständige Anwesenheit. Wir müssen uns jeden Augenblick vollständig einsetzen, damit alle die Sicherheit und die menschliche Nähe an ihrer Seite finden, die ihnen dabei hilft, wirklich leben und gedeihen zu *wollen*.

Zugleich aber müssen wir alle Bewegungen unterstützen, die für Gerechtigkeit kämpfen. Manchmal können wir ihnen nur mit Entschiedenheit und ermutigend zur Seite stehen, zu anderen Zeiten können wir wirksame Hilfe leisten. Wir wollen darum beten, dass jedes Mitglied unserer

In einer Welt am Rande der Selbstzerstörung
fordert Ekstase eine neue
internationale Lebensordnung.

Gemeinschaft solidarisch mit den Leidenden ist und zu einer Stätte der Hoffnung wird in einer Welt der Trennung und der Verzweiflung."

116 Die „Arche" ist ein Zeichen dafür, dass eine weltweite Bewegung der Fürsorge für die Armen und Unterdrückten ein neues Bewusstsein wecken kann, das die Grenzen von Geschlecht, Religion, Rasse und Nationalität überschreitet. Ein solches Bewusstsein kann eine Weltgemeinschaft entstehen lassen, eine Gemeinschaft, in der wir unsere menschliche Zusammengehörigkeit feiern, einen freudvollen Lobgesang zur Ehre des liebenden Gottes anstimmen und den endgültigen Sieg des Lebens über den Tod verkünden dürfen.

Zusammenfassung

Ekstase ist das dritte Kennzeichen des Lebens im Haus der Liebe. Der Begriff „Ekstase" zeigt, wie wesentlich Freude für echte christliche Spiritualität ist. Wahre Freude ist etwas völlig anderes als Vergnügen, denn sie hängt nicht von den Hochs und Tiefs unseres Daseins ab. Sie ist das ständige Verlassen der eisigen Stätten des Todes und die Hinwendung zum Hause Gottes, in dem das überströmende Leben in ganzer Fülle verkostet und gefeiert wird.

Ekstase hat ebenso wie Intimität und Fruchtbarkeit eine globale Dimension. In einer Welt, die am Rande der Selbstzerstörung steht, fordert Ekstase eine neue internationale Lebensordnung, die die Völker ihre unterschiedlichen Eigenarten nicht als einen Grund zum Krieg ansehen lässt, sondern als ihren je einzigartigen Beitrag zur Feier eines gemeinsamen Menschseins. Nur wenn wir an der globalen wie auch an der individuellen Bedeutung des ekstatischen Lebens im Haus der Liebe festhalten, bezeugen wir wirklich die Gegenwart Christi, der gekommen ist, um *alles* zu erneuern.

Schluss: Zeichen des Lebens

Beim Schreiben dieses Buchs bin ich immer wieder daran erinnert worden, dass wir das Haus Gottes noch nicht wirklich zu unserem Heim gemacht haben. In zahlreichen

Briefen lese ich die Angst vor der Gefahr militärischer Auseinandersetzungen in vielen Teilen der Welt. In einem Brief heißt es: „Die Probleme sind um vieles schlimmer geworden." Das Fernsehen zeigt uns Bilder von dem zunehmenden Hunger in Afrika, der Armut in Lateinamerika und der Gewalt im Mittleren Osten. Die Zeitungen sind voll von Berichten über Terrorismus und der Stopp des Wettrüstens und der Stand der Abrüstung werden mit tiefem Pessimismus gesehen. Wann immer und wo auch immer ich aufmerksam hinhöre – ich vernehme nur Stimmen der Angst um die Zukunft der Erde.

Im engeren Kreis von Familie, Nachbarschaft, Gemeinschaft und Stadt stehen die Dinge keineswegs besser. Zahllose Familien leiden unter der Trennung der Eltern und der Verunsicherung der Kinder, viele religiöse Gemeinschaften und Kirchen haben nicht nur zahlreiche Mitglieder, sondern auch viel von ihrer Vitalität verloren. In manchen Städten wagen sich die Menschen nachts nicht mehr allein auf die Straße. In Städten wie Boston, New York, Paris und London kämpfen sogar Angehörige der Mittelschicht, die trotz verzweifelter Anstrengung keine Arbeit finden können, um das Lebensnotwendigste.

Und fast unnötig zu sagen: Die Armen leben immer und überall in ständiger Bedrängnis.

Im Blick auf die Jugendlichen der achtziger Jahre schreibt Jean Vanier: „Sie fühlen sich ohnmächtig angesichts der ungeheuren Mächte, die die Welt beherrschen. Vor 20 Jahren glaubten die jungen Leute, sie könnten alles schaffen, und heute sind sie überzeugt, dass es unmöglich ist, überhaupt irgendetwas zu erreichen."

Die Angst, die die Welt in ihren Klauen hält, ist allgegenwärtig. Heimatlosigkeit als Folge von Flucht oder Anklammerung, Unfruchtbarkeit, die sich als Sterilität oder als hektische Produktivität äußert, und erstarrtes Leben als Routine oder Entwurzelung – all das dürfte auch den letzten Zweifel an der Macht der Angst beseitigen.

Und doch geht es in diesem Buch nicht so sehr um die Angst wie um die Liebe, nicht so sehr um Heimatlosigkeit, Unfruchtbarkeit und erstarrtem Leben wie um Intimität, Fruchtbarkeit und Ekstase. Diese Zeichen des Lebens sind mir besonders wichtig. Ich schreibe in diesem Buch über das Zuhause – nicht für irgendwann später, wenn die Bomben gefallen und alle Menschen getötet sind, sondern für jetzt, da wir Tag für Tag unser angsterfülltes Leben leben.

Während meiner Arbeit an diesem Buch, das in der „Arche", der Heimstätte für Behinderte in Frankreich, entstanden ist, bin ich mehr denn je zu der Überzeugung gekommen, dass spirituelles Leben – ein Leben im Haus Gottes – nicht für ferne Räume und Zeiten bestimmt ist, sondern hier und jetzt gelebt werden muss. Nur so kann es auch eine Verheißung für die Zukunft sein. Jeden Tag, wenn ich das Brot und den Kelch in meinen Händen halte, bete ich: „Guter Vater, in der Bereitschaft, deinen Sohn Jesus bei seiner Wiederkunft zu empfangen, bringen wir dir dieses lebendige Opfer seines Leibes und Blutes." Die wirkliche und greifbare Gegenwart Jesu unter uns gibt uns Hoffnung. Der Genuss dieser Gaben weckt die Sehnsucht nach dem himmlischen Gastmahl. Hier ein Zuhause zu finden lässt das Verlangen nach dem Haus des Vaters mit seinen vielen Wohnungen wachsen (vgl. Johannes 14,2).

Wer könnte uns diesen befreienden Glauben besser lehren als die geistig schwer Behinderten? Sie lesen keine Zeitung, sehen nicht fern und diskutieren nicht über die Möglichkeiten einer künftigen Katastrophe. Sie leben nicht in der Zukunft. Stattdessen sagen sie: „Füttere mich, zieh mich an, berühre mich, halt mich fest ... küsse mich, sprich mit mir. Es ist gut, dass wir hier beieinander sind." Geistig Behinderte machen durch ihr ganzes Dasein sichtbar, dass Jesus wirklich unter uns ist und dass wir schon eine Heimat haben, obwohl wir noch unterwegs sind.

Indem ich dies schreibe, wird mir erneut die tiefe Symbol-

Spirituelles Leben ist nicht für ferne Räume und Zeiten bestimmt, sondern muss hier und jetzt gelebt werden.

kraft des Bildes bewusst, nach dem Jean Vanier seine Gemeinschaft benannt hat: die Arche. Sie bedeutet Sicherheit inmitten hoher Wogen, Schutz im strömenden Regen, Orientierung in tosenden Stürmen. Sie bedeutet ein liebevolles Zuhause mitten auf dem furchterregenden Meer.

Hier ist nicht der Platz für Sentimentalitäten. Die Behinderten in der Arche sind keine einfachen, fröhlichen, friedlichen Menschen, die ihre Angst einflößende Umgebung völlig vergessen. Sie tragen die Ängste und die Agonie der Welt tief in ihrem Herzen. Ihre Erfahrungen von Zurückweisung, Absonderung und Isolation haben sie für ihr ganzes Leben geprägt. Es ist unmöglich, längere Zeit mit ihnen zusammenzuleben, ohne durch das Ausmaß ihres inneren Leidens zutiefst berührt zu sein und an das eigene Leid erinnert zu werden. Die Arche schwankt auf den Wogen unserer Zeit hin und her. Niemand darin ist gänzlich ohne Angst.

Aber Jesus ist mit in der Arche – und er schläft! Er ist uns nahe. Immer wenn die Furcht uns zu überwältigen droht und wir ihn ängstlich wecken und rufen: „Rette uns, Herr, wir gehen zugrunde!“, antwortet er: „Warum fürchtet ihr euch, ihr Kleingläubigen?“ Dann gebietet er dem Sturm und dem Meer und bringt alles wieder zur Ruhe (vgl. Matthäus 8,23-27). Die Arche ist unser Zuhause und Jesus hat sie zu seinem eigenen Zuhause gemacht. Er fährt mit uns und beruhigt uns immer, wenn uns Panik erfasst oder wir versucht sind, andere oder uns selbst zu zerstören. Und indem er mit uns fährt, belehrt er uns über das Leben im Haus der Liebe. Es ist keineswegs leicht, seine Botschaft zu begreifen, denn wir starren auf die hohen Wellen, den heftigen Sturm und die tosende Brandung. Wir wiederholen: „Ja, gewiss ... aber siehst du nicht?"

Doch Jesus ist ein überaus geduldiger Lehrer. Er hört niemals auf, uns zu lehren, wo unser wirkliches Zuhause ist, wohin wir unsere Blicke richten und wie wir leben sollen. Wenn wir in Verwirrung geraten, haben wir nur Augen für die Gefahren und vergessen, was wir gehört haben. Jesus aber sagt immer und immer wieder: „Bleibt in mir, dann bleibe ich in euch. Wer in mir bleibt und in wem ich bleibe, trägt viele Frucht ... Dies habe ich euch gesagt, damit meine Freude in euch ist und damit eure Freude vollkommen wird" (Johannes 15,4-5.11). So lädt Jesus uns zu einem intimen, fruchtbaren und ekstatischen Leben in seinem Haus ein, das zugleich das unsere ist.

Schlussgebet

Ich möchte dieses Buch mit einem Gebet beschließen. Es stammt von Etty Hillesum, der holländischen Jüdin, die ich weiter oben schon erwähnt habe. 1942 schrieb sie es als „Sonntagmorgengebet“, zu einer Zeit, als die Judenverfolgung durch die Nationalsozialisten in Holland ihren Höhepunkt erreichte. In diesem Gebet drückt sie das zentrale Thema dieses Buches eindringlicher und bewegender aus, als ich es je könnte:

„Es sind schlimme Zeiten, mein Gott. Heute Nacht geschah es zum ersten Mal, dass ich mit brennenden Augen schlaflos im Dunkeln lag und viele Bilder menschlichen Leides an mir vorbeizogen. Ich verspreche dir etwas, Gott, nur eine Kleinigkeit: Ich will meine Sorgen um die Zukunft nicht als beschwerende Gewichte an den jeweiligen Tag hängen, aber dazu braucht man eine gewisse Übung. Jeder Tag ist für sich selbst genug. Ich will dir helfen, Gott, dass du mich nicht verlässt, aber ich kann mich von vornherein für nichts verbürgen. Nur dies eine wird mir immer deutlicher: dass du uns nicht helfen kannst, sondern dass wir dir helfen müssen, und dadurch helfen wir uns letzten Endes selbst. Es ist das Einzige, auf das es ankommt: ein Stück von dir in uns selbst zu retten, Gott. Und vielleicht können wir mithelfen, dich in den gequälten Herzen der anderen Menschen auferstehen zu lassen. Ja, mein Gott,

Wenn Etty Hillesums Gebet
das Gebet aller Menschen wird,
werden alle Leiden und Freuden
zu einem Lied des Lobs und Danks an Gott.

an den Umständen scheinst auch du nicht viel ändern zu können, sie gehören nun mal zu diesem Leben. Ich fordere keine Rechenschaft von dir, du wirst uns später zur Rechenschaft ziehen. Und mit fast jedem Herzschlag wird mir klarer, dass du uns nicht helfen kannst, sondern dass wir dir helfen müssen und deinen Wohnsitz in unserem Inneren bis zum Letzten verteidigen müssen. Es gibt Leute, es gibt sie tatsächlich, die im letzten Augenblick ihre Staubsauger und ihr silbernes Besteck in Sicherheit bringen, statt dich zu bewahren, mein Gott. Und es gibt Menschen, die nur ihren Körper retten wollen, der ja doch nichts anderes mehr ist als eine Behausung für tausend Ängste und Verbitterung. Und sie sagen: Mich sollen sie nicht in ihre Klauen bekommen. Und sie vergessen, dass man in niemandes Klauen ist, wenn man in deinen Armen ist. Ich werde allmählich wieder ruhiger, mein Gott, durch dieses Gespräch mit dir. Ich werde in der nächsten Zukunft noch sehr viele Gespräche mit dir führen und dich auf diese Weise hindern, mich zu verlassen. Du wirst wohl auch karge Zeiten in mir erleben, mein Gott, in denen mein Glaube dich nicht so kräftig nährt, aber glaube mir, ich werde weiter für dich wirken und dir treu bleiben und dich nicht aus meinem Inneren verjagen.

Für große, heroische Leiden fühle ich genügend Kraft in mir, mein Gott, ich fürchte vielmehr die tausend kleinen täglichen Sorgen, die einen manchmal wie beißendes Ungeziefer befallen. Nun gut, dann kratze ich mich eben ein wenig in meiner Verzweiflung und sage jeden Tag aufs Neue zu mir selbst: Für den heutigen Tag ist noch gesorgt, die schützenden Wände eines gastfreien Hauses umgeben dich noch wie ein oft getragenes, vertrautes Kleidungsstück, für heute hast du noch genug zu essen und dein Bett mit den weißen Laken und den warmen Decken erwartet dich zur Nacht, also solltest du heute keinen Funken deiner Kraft an kleinliche materielle Sorgen um dich selbst verschwenden. Nutze und genieße jede Minute dieses Tages, mache ihn zu einem fruchtbaren Tag, zu einem starken Stein in dem Fundament, auf das sich die armen und bangen Tage der Zukunft stützen können.

Der Jasmin hinter dem Haus ist jetzt ganz zerzaust vom Regen und den Stürmen der letzten Tage, die weißen Blüten treiben verstreut in den schmutzigen schwarzen Pfützen auf dem niedrigen Garagendach. Aber irgendwo in mir blüht der Jasmin unaufhörlich weiter, genauso überschwänglich und zart, wie er immer geblüht hat. Und sein Duft verbreitet sich um deinen Wohnsitz in meinem Inneren, mein Gott. Du siehst, ich sorge gut für dich. Ich bringe dir nicht nur meine Tränen und ängstlichen Vermutungen dar, ich bringe dir an diesem stürmischen, grauen Sonntagmorgen sogar duftenden Jasmin. Ich werde dir alle Blumen bringen, die ich auf meinem Weg finde, und das sind immerhin eine ganze Menge. Du sollst es so gut wie möglich bei mir haben. Um nur irgendein beliebiges

Beispiel zu nennen: Wenn ich in einer engen Zelle eingeschlossen wäre und eine Wolke zöge am kleinen vergitterten Fenster vorbei, dann würde ich dir die Wolke darbringen, mein Gott, jedenfalls solange ich noch dazu die Kraft hätte. Ich kann mich von vornherein für nichts verbürgen, aber meine Absichten sind die besten, wie du wohl merkst.

Und jetzt überlasse ich mich diesem Tag. Ich werde heute mit vielen Menschen zusammenkommen und die vielen bösen Gerüchte und Bedrohungen werden mich bestürmen, wie feindliche Soldaten eine uneinnehmbare Festung."*

Ich hoffe von ganzem Herzen, dass Ettys Gebet auch mein Gebet wird und das Gebet aller Menschen, die dieses Buch lesen. Dann werden alle unsere Leiden und alle unsere Freuden zu einem Lied des Lobs und Danks an Gott werden, der in uns eine Wohnstatt gefunden hat.

* Das denkende Herz. Die Tagebücher von Etty Hillesum 1941–1943. Herausgegeben und eingeleitet von J. G. Gaarlandt, Reinbek 2007, S. 149–151, © Verlag Kerle in der Verlag Herder GmbH, Freiburg i.Br.

Nachwort

Ich habe dieses Buch nicht in der Abgeschiedenheit geschrieben. Viele Menschen haben mir Ermutigung, Hilfe und Unterstützung zuteilwerden lassen. Ihnen allen möchte ich an dieser Stelle aufrichtig danken.

Mein erster Dank gilt Jean Vanier, der mich zu den zentralen Themen dieses Buches angeregt, mich in die „Arche" eingeführt, mich zum Schreiben ermutigt und mich immer wieder inspiriert hat. Dafür und für seine Freundschaft und seine großzügige Unterstützung bin ich ihm zutiefst dankbar.

Der größte Teil dieses Buchs ist während meiner Besuche in der Gemeinschaft der „Arche" in dem kleinen französischen Dorf Trosly-Breuil in der Nähe von Paris entstanden. Dort habe ich nicht nur Zeit und den nötigen Freiraum gefunden, sondern auch das von Zuwendung und Gebet geprägte Umfeld, ohne das sich nicht über das Leben aus dem Geist schreiben lässt. Ein besonderer Dank gilt Barbara Swanekamp, die mich immer wieder daran erinnert hat, wie wesentlich das „Verschwenden von Zeit mit Gott und seinen Armen" für das Schreiben über Spiritualität ist. Ich danke Simone Landrien, die mir geholfen hat, die geheimnisvolle Anwesenheit Gottes unter den „Geringen" auf mehr als eine Art zu sehen. Ihre Freundschaft und ihr Interesse an meiner Arbeit haben mich wesentlich inspiriert.

Ich widme dieses Buch Madame Pauline Vanier, der Mutter Jean Vaniers. Ihre großzügige Gastfreundschaft, ihre Hinwendung zu den Behinderten und deren Betreuern, ihr waches Interesse am Weltgeschehen, ihr starker Glaube an einen liebenden Gott und ihre Freundschaft und Unterstützung haben mir das Leben vor Augen geführt, von dem ich in diesem Buch geschrieben habe.